*Learn* **ENGLISH** *Through* **HINDI**

GOODWILL'S

# *Learn* ENGLISH *Through* HINDI

**Ajay Kumar Bhalla**

GOODWILL PUBLISHING HOUSE®

B-3 RATTAN JYOTI, 18 RAJENDRA PLACE
NEW DELHI-110008 (INDIA)

*Published by:*

**GOODWILL PUBLISHING HOUSE®**

B-3 Rattan Jyoti, 18 Rajendra Place
New Delhi–110 008 (INDIA)
Tel: 25820556, 25750801, 25755559
Fax: 91-11-25764396
E-mail: goodwillpub@vsnl.net
ylp@bol.net.in
Website: www.goodwillpublishinghouse.com

# प्रस्तावना

अंग्रेज़ी विश्व में एक अरब चालीस करोड़ लोगों द्वारा बोली जाती है। यह विश्व की दूसरी सबसे अधिक बोली जाने वाली भाषा है। विश्व के 45 से अधिक देशों में अंग्रेज़ी को सरकारी अथवा सह-सरकारी भाषा का दर्जा प्राप्त है। मातृभाषा के रूप में 35 करोड़ लोग इसे अपनाए हैं। आधे से अधिक व्यापारिक गतिविधियाँ अंग्रेज़ी में ही संचालित होती हैं। दो-तिहाई वैज्ञानिक शोध-पत्र अंग्रेज़ी में लिखे जाते हैं। विज्ञान, उड्डयन, कम्पयूटर तथा पर्यटन की भाषा अंग्रेज़ी ही है। यह विश्व की समृद्धतम भाषाओं मे से एक है।

आज का जितना ज्ञान-विज्ञान है वह प्रचुरतम मात्रा में इसी भाषा में लिखा जा रहा है। आधुनिक विज्ञान और मानविकी का जितना भी ज्ञान है वह निरंतर इसी भाषा के माध्यम से प्रकाश में आ रहा है। साहित्य की दृष्टि से भी यह भाषा अत्यंत समृद्ध है।

ऐसी भाषा को जानना और सीखना अत्यंत उपयोगी है। अंग्रेज़ी भाषा का जानकार हर क्षेत्र में हो रही नवीनतम जानकारियों से परिचित रहता है और उनसे लाभान्वित होता है।

भारतवर्ष में तो यह भाषा राजभाषा हिन्दी के समान ही सम्पर्क भाषा के रूप में प्रयुक्त हो रही है। आज स्थिति यह है कि अंग्रेज़ी जानना तथा इसमें कार्य करना प्रतिष्ठा का चिन्ह समझा जाने लगा है। सूचना तकनीक और संचार के क्षेत्र में आई क्रान्ति के कारण अंग्रेज़ी

की लोकप्रियता अपने चरम पर है। आम भारतीय अंग्रेजी में कार्य करना अधिक पसन्द करते हैं। अंग्रेजी को प्रतिष्ठा यहां तक प्राप्त है कि इसे न जानने वाला हीन भावना से ग्रस्त हो जाता है। **'गुडविलस लैंगुएज लर्निंग सीरिज़'** में यह पुस्तक हिन्दी भाषियों को अंग्रेज़ी सिखाने के लिए प्रकाशित की जा रही है। इस पुस्तक का मनोयोग से अध्ययन करने वाले थोड़े ही समय में अंग्रेज़ी पढ़ना, लिखना और बोलना भली प्रकार सीख जाएंगे।

इस पुस्तक के माध्यम से बड़े क्रमिक एवं व्यवस्थित ढंग से अंग्रेज़ी सिखाने का प्रयास किया गया है। इसमें अंग्रेज़ी भाषा के व्याकरण का भी भली प्रकार से परिचय करवाया गया है। हिन्दी भाषा के व्याकरण से परिचित अध्येता को इसे समझने में कठिनाई नहीं होगी। इसकी एक प्रमुख विशेषता है उच्चारण की जानकारी व अभ्यास। विशेष चिन्हों द्वारा हिन्दी की ध्वनियों को अंग्रेज़ी में व्यक्त किया गया है जिससे इन्हें सीखने में सरलता होगी।

इस पुस्तक में विशेष प्रयास यह भी किया गया है कि पाठकों द्वारा अंग्रेज़ी सीखने के साथ ही साथ उनमें बोलने की क्षमता भी विकसित हो। इसके लिए विभिन्न स्थितियों – घर में, दुकान पर, डा:कखाने में, बैंक में, कपड़े की दुकान पर, रेलवे स्टेशन पर – क्या बातचीत हो सकती है, उसी से सम्बन्धित प्रश्नोत्तर दिए हैं। इनके अभ्यास से अंग्रेज़ी बोलना सरलता से सीखा जा सकता है।

आशा है,. पाठक पुस्तक को पसन्द करेंगे।

**–अजय कुमार भल्ला**

# विषय-सूची

# 1

# वर्णमाला
# Alphabet

## AT A GLANCE

| | | |
|---|---|---|
| वर्णमाला | : | Alphabet |
| अक्षरों के संबंध में | : | About Letters |
| स्वर उच्चारण | : | Pronunciation of Vowels |
| व्यंजन उच्चारण | : | Pronunciation of Consonants |

# वर्णमाला : Alphabet

अंग्रेजी वर्णमाला में छब्बीस मूल अक्षर होते हैं –

| अक्षरों के नाम | रोमन लिपि | | इटालिक लिपि | | उच्चारण |
|---|---|---|---|---|---|
| | बड़ी | छोटी | बड़ी | छोटी | |
| ए | A | a | *A* | *a* | अॅ |
| बी | B | b | *B* | *b* | ब् |
| सी | C | c | *C* | *c* | क्, स् |
| डी | D | d | *D* | *d* | ड् |
| ई | E | e | *E* | *e* | ए, ई |
| एफ़् | F | f | *F* | *f* | फ |
| जी | G | g | *G* | *g* | ग्, ज् |
| एच् | H | h | *H* | *h* | ह् |
| आय् | I | i | *I* | *i* | इ, आइ |
| जे | J | j | *J* | *j* | ज् |
| के | K | k | *K* | *k* | क् |
| एल् | L | l | *L* | *l* | ल् |
| एम् | M | m | *M* | *m* | म् |
| एन् | N | n | *N* | *n* | न् |
| ओ | O | o | *O* | *o* | ओ |
| पी | P | p | *P* | *p* | प् |
| क्यू | Q | q | *Q* | *q* | क् |
| आर् | R | r | *R* | *r* | र् |
| एस् | S | s | *S* | *s* | स्, ज् |

| | | | | | |
|---|---|---|---|---|---|
| टी | T | t | *T* | *t* | ट् |
| यू | U | u | *U* | *u* | उ, अ |
| व्ही | V | v | *V* | *v* | व्ह् |
| डब्ल्यू | W | w | *W* | *w* | ड, व, वह |
| एक्स | X | x | *X* | *x* | क्स् |
| वाय् | Y | y | *Y* | *y* | य, इ, य् |
| ज़ेड् | Z | z | *Z* | *z* | ज़ |

## अक्षरों के संबंध में : About Letters

1. F(एफ्), H(एच्), L(एल्), M(एम्), N(एन्), S(एस्), X(एक्स) और Z(जेड) के 'ए' का उच्चारण ह्रस्व रूप में शीघ्र करें।

2. कुछ अक्षरों के नाम के उच्चारण से 'अक्षर' का बोध नहीं होता जैसे, H(एच्) से 'ह'; U(यू) से 'अ'; जैसे:-

| H(एच्) | U(यू) | T(टी) |
|---|---|---|
| ह | अ | हट् - झोंपड़ी |

3. छपाई में रोमन लिपि और लिखाई में इटालियन लिपि का उपयोग किया जाता है। ध्यान आकर्षित करने के लिए कहीं-कहीं छपाई में इटालियन लिपि और लिखाई में रोमन लिपि का उपयोग करते हैं।

4. वाक्य का आरम्भ और व्यक्तिवाचक नाम का पहला अक्षर बड़ी लिपि में छापा, लिखा जाता है। अन्य स्थानों में सभी जगह छोटी लिपि का उपयोग होता है। I (आय्) = मैं - इस एक अक्षर के सर्वनाम को हमेशा बड़े अक्षर में ही लिखते हैं।

5. अंग्रेजी में a, e, i, o, u ये पाँच स्वर हैं। स्थान-भेद से स्वरों के उच्चारण-भेद होते हैं, तथा स्वरों के परस्पर संयोग से भी ध्वनि-विज्ञान (phonetics) के आधार पर अनेक स्वरों की ध्वनि पायी जाती है। आगे के पाठ में इसके सम्बन्ध में यथासंभव आवश्यक जानकारी दी गयी है।

6. W(डब्ल्यू) का उच्चारण कहीं 'उ' के समान और कहीं 'व्' के समान होता है। 'Y' (वाय्) का उच्चारण कहीं 'इ' के समान और कहीं 'य्' के समान होता है। इसी प्रकार अन्य स्वरों के संयोग होने पर W और Y के अनेक उच्चारण होते हैं। कभी-कभी W का उच्चारण बिल्कुल नहीं होता। ऐसी स्थिति में इन्हें स्वर कहा जाये या व्यंजन्, इसका निर्णय करना बहुत कठिन है। परन्तु साधारण नियम यह है कि शब्दों अथवा शब्दों के अवयव के आरंभ में ये अक्षर हों तो इनके उच्चारण के संबंध में विशेष ध्यान देते हुए इनकी गणना व्यंजन में की जाती है, अन्य स्थानों पर इन्हें स्वर समझा जाता है।

7. शेष उन्नीस अक्षर व्यंजन हैं।

8. व्यंजनों में C(सी) और Q(क्यू) ये दो अक्षर निरुपयोगी हैं। कारण यह है कि C(सी) का काम S(एस्) और X(एक्स्) तथा Q(क्यू) का काम K(के)–ये अक्षर करते हैं। इसके अलावा X(एक्स्) संयुक्ताक्षर है। ऐसी हालत में C(सी), Q(क्यू) और X(एक्स्)–इन तीन अक्षरों के निकाल देने पर अंग्रेजी में पाँच स्वर और अठारह (W और Y को लेकर) व्यंजन हैं। तात्पर्य यह है कि इस प्रकार 'अंग्रेजी' में 26 की जगह कुल तेईस (23) अक्षर हैं–यह कहना चाहिए। हिन्दी में 13 स्वर और 33 व्यंजन हैं। इस

कारण, उच्चारण की दृष्टि से अंग्रेजी की अपेक्षा हिन्दी बहुत ही समृद्ध है। फिर भी अंग्रेजी में अक्षरों के संयोग से हिन्दी की लगभग सभी ध्वनियाँ पायी जाती हैं। इतना होने पर भी हिन्दी में कुछ उच्चारण ऐसे हैं जो अंग्रेजी में बिलकुल नहीं पाये जाते। जैसे ऋ, ऐ, औ, छ्, व्, इत्यादि। चिन्हों द्वारा इनके उच्चारण के संकेत दिये जाते हैं फिर भी इनके शुद्ध उच्चारण अंग्रेजी शब्दों में नहीं हो पाते। इसी प्रकार अंग्रेजी में कुछ वर्णों के उच्चारण ऐसे हैं कि जो हिन्दी में नहीं हो पाते; जैसे–

स्वर – 1. Hat (हैट्) में a जैसा उच्चारण (ध्वनि)
2. All (ऑल) में ā जैसा उच्चारण (ध्वनि)
3. Not (नॉट्) में ō जैसा उच्चारण (ध्वनि)

व्यंजन – 1. F का उच्चारण ph के समान होता है।
2. V का उच्चारण व् या व्ह् न होकर वय् जैसा होता है। ऐसी बात नहीं है कि अंग्रेजी में कुछ उच्चारण नये हैं। हाँ, यह बात जरूर है कि वे हिन्दी से कुछ भिन्न हैं।

## स्वर उच्चारण : Pronunciation of Vowels

अंग्रेजी में यद्यपि a, e, i, o, u ये पाँच स्वर हैं, परंतु स्थान भेद के कारण इनके उच्चारण में अनेक ध्वनियाँ होती हैं–

1. Bat जैसे शब्दों में 'a' का उच्चारण 'ऐ' होता है – बैट्
2. Mate जैसे शब्दों में 'a' का उच्चारण 'ए' होता है – मेट्
3. Car जैसे शब्दों में 'a' का उच्चारण 'आ' होता है – कार्
4. Ball जैसे शब्दों में 'a' का उच्चारण 'औ' होता है – बॉल

5. Get जैसे शब्दों में 'e' का उच्चारण 'ए' (ह्रस्व) होता है – गेट्
6. Me जैसे शब्दों में 'e' का उच्चारण 'ई' होता है – मी
7. Her जैसे शब्दों में 'e' का उच्चारण 'अ' होता है – हर्
8. Sit जैसे शब्दों में 'i' का उच्चारण 'इ' होता है – सिट्
9. Bird जैसे शब्दों में 'i' का उच्चारण 'अ' होता है – बर्ड्
10. Son जैसे शब्दों में 'o' का उच्चारण 'अ' होता है – सन्
11. Do जैसे शब्दों में 'o' का उच्चारण 'ऊ' होता है – डू
12. Not जैसे शब्दों में 'o' का उच्चारण 'ऑ' होता है – नॉट्
13. Note जैसे शब्दों में 'o' का उच्चारण 'ओ' होता है–नोट
14. Bull जैसे शब्दों में 'u' का उच्चारण 'उ' होता है – बुल्
15. Nut जैसे शब्दों में 'u' का उच्चारण 'अ' होता है – नट्
16. Unity जैसे शब्दों में 'u' का उच्चारण 'यू' होता है – यूनिटि

**स्वरों के संयोग से उच्चरित ध्वनियाँ:-**

1. Day जैसे शब्दों में 'ay' का उच्चारण 'ए' होता है – डे
2. Law जैसे शब्दों में 'aw' का उच्चारण 'आ' होता है – ला
3. Rain जैसे शब्दों में 'ai' का उच्चारण 'ए' होता है – रेन्
4. See जैसे शब्दों में 'ee' का उच्चारण 'ई' होता है – सी
5. Lean जैसे शब्दों में 'ea' का उच्चारण 'ई' (दीर्घ) होता है – लीन्
6. Earn जैसे शब्दों में 'ea' का उच्चारण 'अ' होता है – अर्न्
7. Few जैसे शब्दों में 'ew' का उच्चारण 'यू' होता है – फ्यू
8. Road जैसे शब्दों में 'oa' का उच्चारण 'ओ' होता है – रोड्
9. Foe जैसे शब्दों में 'oe' का उच्चारण 'ओ' होता है – फो
10. Soul जैसे शब्दों में 'ou' का उच्चारण 'ओ' होता है – सोल्

11. Youth जैसे शब्दों में 'ou' का उच्चारण 'ऊ' होता है – यूथ्
12. Rough जैसे शब्दों में 'ou' का उच्चारण 'अ' होता है – रफ्
13. Sound जैसे शब्दों में 'ou' का उच्चारण 'आउ' होता है – साउण्ड्
14. Blow जैसे शब्दों में 'ow' का उच्चारण 'ओ' होता है – ब्लो
15. Cow जैसे शब्दों में 'ow' का उच्चारण 'आउ' होता है – काउ
16. Moon जैसे शब्दों में 'oo' का उच्चारण 'ऊ' होता है – मून्
17. Book जैसे शब्दों में 'oo' का उच्चारण 'उ' होता है – बुक्
18. Blue जैसे शब्दों में 'ue' का उच्चारण 'ऊ' होता है – ब्लू
19. Fruit जैसे शब्दों में 'ui' का उच्चारण 'ऊ' होता है – फ्रूट्
20. Friend जैसे शब्दों में 'ie' का उच्चारण 'ए' होता है – फ्रेंड्

पांच मूल स्वर और उनसे बने संयुक्त-स्वरों के ये मुख्य रूप हैं। मूल स्वर और संयुक्त-स्वरों की विभिन्न उच्चरित ध्वनियों को अनेक चिह्नों द्वारा प्रकट किया जाता है। शब्दकोशों (Dictionaries) में ये ध्वनियाँ अधिक स्पष्ट की गयी हैं।

अंग्रेजी वर्णमाला का पच्चीसवाँ अक्षर 'Y' (वाय्) है। इसकी विशेषता यह है कि व्यंजन अक्षर के बाद इसका उच्चारण स्वर का होता है, जैसे, Baby, Lady, Carry (बेबी, लेडी, कैरी)।

# व्यंजन उच्चारण :
# Pronunciation of Consonants

1. C के बाद a, o, u, l, r, t इनमें से किसी वर्ण अथवा पदांत में C हो तो C का उच्चारण 'क्' होता है; जैसे–

C के बाद a — Cat (कैट), Camel (कैमल)

C के बाद o — Cot (कॉट), Coach (कोच्)

C के बाद u — Cut (कट्), Customer (कस्ट'मर)

C के बाद l — Clock (क्लॉक), Clean (क्लीन्)

C के बाद r — Cream (क्रीम), Cross (क्रॉस)

C के बाद t — Cactus (कैक्टस्), Function (फंक्शन्)

पदांत में C — Picnic (पिक्निक्), Garlic (गारलिक्)

2. C के बाद e, i अथवा y हो तो C का उच्चारण 'स' होता है; जैसे–

C के बाद e — Cell (सेल्), Census (सेंसस्)

C के बाद i — City (सिटि), Cite (साइट्)

C के बाद y — Cycle (सायकल्), Cypher (सायफर्)

3. C के बाद ea, ia अथवा ie हो तो C का उच्चारण 'श्' होता है; जैसे–

C के बाद ea — Ocean (ओ-शन्)

C के बाद ia — Social (सोशल्)

C के बाद ie — Species (स्पीशीज़)

4. Ch के उच्चारण तीन हैं, जैसे–

(a) 'च' जैसा Chin (चिन्), Rich (रिच्)

(b) 'क' जैसा Chorus (कोरस्)

(c) 'श्' जैसा Chaise (शेज्)

5. Ck का उच्चारण हमेशा, 'क्' होता है; जैसे–
Luck (लक्), Rock (रॉक्)

6. G के बाद a, o, u, l, r, इनमें से कोई वर्ण अथवा पदांत में 'g' हो तो g का उच्चारण 'ग्' होता है; जैसे–

g के बाद a — Gain (गेन्), Garlic (गॉरलिक्)
g के बाद o — Gold (गोल्ड्), Good (गुड्)
g के बाद u — Gum (गम्), Gun (गन्)
g के बाद l — Glass (ग्लास), Glee (गली)
g के बाद r — Green (ग्रीन), Great (ग्रेट्)
g के पदांत में — Big (बिग्), Flag (फ्लैग्)

7. G के बाद e, i अथवा y हो तो g का उच्चारण 'ज' होता है; जैसे–

g के बाद e — Strange (स्ट्रेंज्), Page (पेज्)
g के बाद i — Gin (जिन्), Ginger (जिंजर्)
g के बाद y — Gypsum (जिप्सम्),
Gymnast (जिम्नॉस्ट्)

8. Gh के तीन उच्चारण होते हैं; जैसे–

(a) 'ग्' जैसा — Ghost (घोस्ट्), Ghastly (घास्टलि)
(b) 'फ' जैसा — Cough (कॉफ्), Laugh (लाफ्)
(a) 'क' जैसा — Lough (लॉक्)

9. Q के आगे हमेशा u रहता है और दोनों का उच्चारण 'क्व' होता है। जैसे – Queen (कवीन्); परंतु कुछ शब्दों में 'qu' का उच्चारण 'क' होता है; जैसे – conquer (कॉन्कर)।

10. S का मुख्य उच्चारण 'स्' है, परंतु उपांत्य या अंत्य S का उच्चारण 'ज्' होता है; जैसे–

(a) उपांत्य 's' — muse (म्युज्)

(b) अंत्य 's' — was (वाज्)

किन्हीं शब्दों में S का उच्चारण 'श' होता है; जैसे–

Sugar (शुगर्), Sure (शुअर्); परंतु Pleasure (प्लेज़र्) और Leisure (ली (ले) ज़र्) में 'S' का उच्चारण 'ज़' होता है।

11. 'Sc' के आगे a, o, u अथवा r हो तो 'Sc' का 'स्क्' और e अथवा i हो तो 'स्' उच्चारण होता है; जैसे–

Sc के आगे a — Scale (स्केल्)

Sc के आगे o — Scold (स्कोल्ड्)

Sc के आगे u — Scum (स्कम्)

Sc के आगे r — Scrape (स्क्रेप्)

Sc के आगे e — Scene (सीन्)

Sc के आगे i — Science (साइन्स)

12. 'Sch' का हमेशा 'स्क्' उच्चारण होता है; जैसे – School (स्कूल), Scheme (स्कीम्)।

13. 'Sh' का सदा 'श' उच्चारण होता है; जैसे – Shake (शेक्), Shame (शेम्)।

14. 'T' के आगे 'u' हो और पिछले शब्द पर ज़ोर हो तो t का उच्चारण 'च' होता है; जैसे – Nature (नेचर), Virtue (व्हर्च्यू)।

15. 'Ti' के आगे स्वर हो तो ti का उच्चारण प्रायः 'श' होता है; जैसे partial (पार्शिअल), nation (नेशन)।

16. 'Th' के दो उच्चारण होते हैं; जैसे–

(a) 'द' जैसा — Thus (दस्), That (दैट्)

(b) 'थ्' जैसा — Think (थिंक), Thank (थैंक्)

कुछ शब्दों में 'th' का उच्चारण 'ट्' होता है; जैसे – Thomas (टॉमस), Thames (टेम्स्)।

17. 'W' का उच्चारण 'व्' और संधि न करते हुए 'अइ' जैसा होता है; जैसे – Week (वीक), Will (विल्), We (वी)।

18. 'X' के तीन उच्चारण होते हैं; जैसे–

(a) 'क्स्' जैसा — Extent (एक्स्टेंट)

(b) 'क्स्' जैसा — Example (एक्ज़ाम्पल्)

(c) 'झ्' जैसा — Xenophone (जेनॅफोन्)

उच्चारण के संबंध में भाषाविद् आचार्यों में मतभेद स्वाभाविक है। इसका कारण है कि केवल पांच स्वरों से अनेक स्वरों और ध्वनियों को अभिव्यंजित किया जाता है। एक स्वर वर्ण से अनेक ध्वनियाँ और अनेक स्वर वर्ण से एक ध्वनि उपयोग में आती है। देश और काल के अंतर से सभी भाषाओं के वर्णों की ध्वनियों में कुछ न कुछ अंतर होता रहता है।

# 2

# संदर्भ
# Reference

## AT A GLANCE

| | | |
|---|---|---|
| अंक | : | Cardinal Numbers |
| क्रमवाचक संख्याएँ | : | Ordinal Numbers |
| भिन्न संख्याएँ | : | Fractional Numbers |
| लम्बाई परिमाण | : | Measures of Length |
| वज़न परिमाण | : | Measures of Weight |
| धारिता का परिमाण | : | Measures of Capacity |

# अंक : Cardinal Numbers

| | | | | | |
|---|---|---|---|---|---|
| १ | एक | Eḱ | 1 | वन् | One |
| २ | दो | Do | 2 | टू | Two |
| ३ | तीन | Tīn | 3 | थ्री | Three |
| ४ | चार | Chār | 4 | फोर् | Four |
| ५ | पाँच | Pāṅch́ | 5 | फाइव् | Five |
| ६ | छः | Chhah | 6 | सिक्स् | Six |
| ७ | सात | Sāt́ | 7 | सेवन् | Seven |
| ८ | आठ | Āth́ | 8 | एट् | Eight |
| ९ | नौ | Nau | 9 | नाइन् | Nine |
| १० | दस | Das | 10 | टेन् | Ten |
| ११ | ग्यारह | Gyārah́ | 11 | इलेवन् | Eleven |
| १२ | बारह | Bārah́ | 12 | ट्वेल्व् | Twelve |
| १३ | तेरह | Terah́ | 13 | थर्टीन् | Thirteen |
| १४ | चौदह | Chaudah́ | 14 | फॉर्टीन् | Fourteen |
| १५ | पंद्रह | Pandrah́ | 15 | फिफ्टीन् | Fifteen |
| १६ | सोलह | Solah́ | 16 | सिक्स्टीन् | Sixteen |
| १७ | सत्रह | Satrah́ | 17 | सेवन्टीन् | Seventeen |
| १८ | अठारह | Athārah́ | 18 | एटीन् | Eighteen |
| १९ | उन्नीस | Unnīs | 19 | नाइन्'टीन | Nineteen |
| २० | बीस | Bīs | 20 | ट्वेन्'टि | Twenty |
| २१ | इक्कीस | Ikkīs | 21 | ट्वेन्'टि वन् | Twenty-one |
| २२ | बाईस | Ba-ī-s | 22 | ट्वेन्'टि टू | Twenty-two |
| २३ | तेईस | Teīs | 23 | ट्वेन्'टि थ्री | Twenty-three |

| | | | | | |
|---|---|---|---|---|---|
| २४ | चौबीस | Chaubīs | 24 | ट्वेन्′टि फोर | Twenty-four |
| २५ | पच्चीस | Pachchīs | 25 | ट्वेन्′टि फाइव | Twenty-five |
| २६ | छब्बीस | Chhabbīs | 26 | ट्वेन्′टि सिक्स् | Twenty-six |
| २७ | सत्ताईस | Sattā-ī-s | 27 | ट्वेन्′टि सेवन् | Twenty-seven |
| २८ | अट्ठाईस | At-thā-ī-ś | 28 | ट्वेन्′टि एट् | Twenty-eight |
| २९ | उन्तीस | Untīs | 29 | ट्वेन्′टि नाइन′ | Twenty-nine |
| ३० | तीस | Tīs | 30 | थर्टी | Thirty |
| ३१ | इकतीस | Iktīs | 31 | थर्टी वन् | Thirty-one |
| ३२ | बत्तीस | Battīs | 32 | थर्टी टू | Thirty-two |
| ३३ | तेंतीस | Tentīs | 33 | थर्टी थ्री | Thirty-three |
| ३४ | चौंतीस | Chauṅtīs | 34 | थर्टी फोर् | Thirty-four |
| ३५ | पैंतीस | Paiṅtīs | 35 | थर्टी फाइव | Thirty-five |
| ३६ | छत्तीस | Chhattīs | 36 | थर्टी सिक्स | Thirty-six |
| ३७ | सैंतीस | Saiṅtīs | 37 | थर्टी सेवन | Thirty-seven |
| ३८ | अड़तीस | Aḍtīs | 38 | थर्टी एट् | Thirty-eight |
| ३९ | उन्तालीस | Untālīs | 39 | थर्टी नाइन | Thirty-nine |
| ४० | चालीस | Chālīs | 40 | फॉर्टी | Forty |
| ४१ | इकतालीस | Ek′tālīs | 41 | फॉर्टी वन′ | Forty-one |
| ४२ | बयालीस | Bayālīs | 42 | फॉर्टी टू | Forty-two |
| ४३ | तेंतालीस | Taṅtālīs | 43 | फॉर्टी थ्री | Forty-three |
| ४४ | चौवालीस | Chauvālīs | 44 | फॉर्टी फोर् | Forty-four |
| ४५ | पैंतालीस | Paiṅtālīs | 45 | फॉर्टी फाइव | Forty-five |
| ४६ | छियालीस | Chhiyālīs | 46 | फॉर्टी सिक्स् | Forty-six |
| ४७ | सैंतालीस | Saiṅtālīs | 47 | फॉर्टी सेवन् | Forty-seven |
| ४८ | अड़तालीस | Aṛ′tālīs | 48 | फॉर्टी एट् | Forty-eight |

| | | | | | |
|---|---|---|---|---|---|
| ४९ | उन्चास | Unchās | 49 | फॉर्टी नाइन् | Forty-nine |
| ५० | पचास | Pachās | 50 | फिफ्टी | Fifty |
| ५१ | इक्यावन | Ikyāvan | 51 | फिफ्टी वन् | Fifty-one |
| ५२ | बावन | Bāvan | 52 | फिफ्टी टू | Fifty-two |
| ५३ | तिरपन | Tirpan | 53 | फिफ्टी थ्री | Fifty-three |
| ५४ | चौवन | Chauvan | 54 | फिफ्टी फोर् | Fifty-four |
| ५५ | पचपन | Pach́pan | 55 | फिफ्टी फाइव | Fifty-five |
| ५६ | छप्पन | Chappan | 56 | फिफ्टी सिक्स् | Fifty-six |
| ५७ | सत्तावन | Sattāvan | 57 | फिफ्टी सेवन् | Fifty-seven |
| ५८ | अट्ठावन | Aṭ-ṭhāvan | 58 | फिफ्टी एट् | Fifty-eight |
| ५९ | उन्सठ | Unsaṭh́ | 59 | फिफ्टी नाइन् | Fifty-nine |
| ६० | साठ | Sāṭh́ | 60 | सिक़्स्टी | Sixty |
| ६१ | एकसठ | Ek´saṭh́ | 61 | सिक्स्टी वन् | Sixty-one |
| ६२ | बासठ | Bāsaṭh́ | 62 | सिक्स्टी टू | Sixty-two |
| ६३ | तिरसठ | Tir´saṭh́ | 63 | सिक्स्टी थ्री | Sixty-three |
| ६४ | चौंसठ | Chauṅsaṭh | 64 | सिक्स्टी फोर् | Sixty-four |
| ६५ | पैंसठ | Paiṅsaṭh | 65 | सिक्स्टी फाइव | Sixty-five |
| ६६ | छियासठ | Chiyāsaṭh | 66 | सिक्स्टी सिक्स् | Sixty-six |
| ६७ | सड़सठ | Saḍsaṭh́ | 67 | सिक्स्टी सेवन् | Sixty-seven |
| ६८ | अड़सठ | Aṛh́saṭh́ | 68 | सिक्स्टी एट् | Sixty-eight |
| ६९ | उनहत्तर | Unhattar | 69 | सिक्स्टी नाइन् | Sixty-nine |
| ७० | सत्तर | Sattar | 70 | सेवन्टी | Seventy |
| ७१ | इक्हत्तर | Eḱhattar | 71 | सेवन्टी वन | Seventy-one |
| ७२ | बहत्तर | Bahattar | 72 | सेवन्टी टू | Seventy-two |
| ७३ | तिहत्तर | Tihattar | 73 | सेवन्टी थ्री | Seventy-three |

| | | | | | |
|---|---|---|---|---|---|
| ७४ | चौहत्तर | Chauhattar | 74 | सेवन्टी फोर् | Seventy-four |
| ७५ | पचहत्तर | Pach́hattar | 75 | सेवन्टी फाइव | Seventy-five |
| ७६ | छिहत्तर | Chhihattar | 76 | सेवन्टी सिक्स् | Seventy-six |
| ७७ | सतहत्तर | Sat́thattar | 77 | सेवन्टी सेवन | Seventy-seven |
| ७८ | अठहत्तर | Aṭhhattar | 78 | सेवन्टी एट् | Seventy-eight |
| ७९ | उनासी | Unāsī | 79 | सेवन्टी नाइन् | Seventy-nine |
| ८० | अस्सी | Assī | 80 | एटी | Eighty |
| ८१ | इक्यासी | Ek̍yāsī | 81 | एटी वन् | Eighty-one |
| ८२ | ब्यासी | Bayāsī | 82 | एटी टू | Eighty-two |
| ८३ | तिरासी | Tirāsī | 83 | एटी थ्री | Eighty-three |
| ८४ | चौरासी | Chaurāsī | 84 | एटी फोर् | Eighty-four |
| ८५ | पचासी | Pachāsī | 85 | एटी फाइव | Eighty-five |
| ८६ | छियासी | Chhiyāsī | 86 | एटी सिक्स् | Eighty-six |
| ८७ | सतासी | Satāsī | 87 | एटी सेवन् | Eighty-seven |
| ८८ | अठासी | Aṭhāsī | 88 | एटी एट् | Eighty-eight |
| ८९ | नवासी | Navāsī | 89 | एटी नाइन् | Eighty-nine |
| ९० | नब्बे | Nabbē | 90 | नाइन्ʹटी | Ninety |
| ९१ | इक्यानवे | Ekyānave | 91 | नाइन्ʹटी वन | Ninety-one |
| ९२ | बानवे | Bānave | 92 | नाइनʹटी टू | Ninety-two |
| ९३ | तिरानबे | Tirānabe | 93 | नाइनʹटी थ्री | Ninety-three |
| ९४ | चौरानबे | Chaurānábe | 94 | नाइनʹटी फोर | Ninety-four |
| ९५ | पिचानबे | Pīchānabe | 95 | नाइनʹटी फाइव | Ninety-five |
| ९६ | छियानबे | Chhiyānbe | 96 | नाइनʹटी सिक्स् | Ninety-six |

| | | | | | |
|---|---|---|---|---|---|
| ९७ | सत्तानबे | Sattānbe | 97 | नाइन′टी सेवन् | Ninety-seven |
| ९८ | अट्ठानबे | Aṭhānbe | 98 | नाइन′टी एट् | Ninety-eight |
| ९९ | निन्यानबे | Ninyānbe | 99 | नाइन′टी नाइन | Ninety-nine |
| १०० | एक सौ | Eḱ sau | 100 | वन हंड्रेड् | One hundred |
| | (सौ) | (Sau) | | | |
| १०१ | एक सौ | Eḱ sau eḱ | 101 | वन्′ हंड्रेड् | One hundred |
| | एक | | | ऑण्ड वन | and one |
| १९९ | एक सौ | Eḱ sau | 199 | वन हंड्रेड् | One hundred |
| | निन्यानबे | ninyānbe | | नाइनटी नाइन | ninety-nine |
| २०० | दो सौ | Do sau | 200 | टू हंड्रेड् | Two hundred |
| ५०० | पाँच सौ | Pāṅch́ sau | 500 | फाइव हंड्रेड् | Five hundred |
| १००० | एक | Eḱ | 1000 | वन | One |
| | हज़ार | hazār | | थाउज़ण्ड् | thousand |
| १९८७ | एक | Eḱ | 1987 | वन्′ | One |
| | हज़ार | hazār | | थाउज़ंड | thousand |
| | नौ सौ | nau sau | | नाइन हंड्रेड् | nine hundred |
| | सतासी | satāsī, | | एटी सेवन्, | eighty-seven |
| | या | yā | | ऑ, | or |
| | उन्नीस | Unnīs | | नाइनटीन् | Nineteen |
| | सौ | sau | | हंड्रेड् | hundred |
| | सतासी | satāsī | | एटी सेवन् | eighty-seven |
| १०,००० | दस | Das | 10,000 | टेन् | Ten |
| | हज़ार | hazār | | थाउज़ंड् | thousand |
| १,००,००० | एक | Eḱ | 1,00,000 | वन्′ हंड्रेड | One |
| | लाख | lākh́ | | थाउज़ंड् | hundred |

| | | | ऑ, वन लॅक् | thousand or one lac |
|---|---|---|---|---|
| १०,००,००० दस लाख | Daś lākh́ | 10,00,000 | वन् मिलिऑन्, ऑ, टेन् लॅक्स् | One million, or Ten lacs |
| १,००,००,००० एक करोड़ | Eḱ karoṛh́ | 1,00,00,000 | टेन् मिलिऑन | Ten million |
| १०,००,००,००० दस करोड़ | Das karoṛh́ | 10,00,00,000 | हंड्रेड मिलिऑन | Hundred million |
| १,००,००,००,००० एक अरब | Eḱ arab́ | 1,00,00,00,000 | वन् बिलिऑन् | One billion |

## क्रमवाचक संख्याएँ : Ordinal Numbers

| | | | |
|---|---|---|---|
| पहला, पहिला | Pah́lā, Pahilā | फर्स्ट् | First |
| दूसरा | Dūsrā | सेकंड् | Second |
| तीसरा | Tīśrā | थर्ड् | Third |
| चौथा | Chauthā | फोर्थ् | Fourth |
| पाँचवाँ | Pāṅchvāṅ | फिफ्थ् | Fifth |
| छठा | Chhaṭhā | सिक्स्थ् | Sixth |
| सातवाँ | Sāt́vāṅ | सेवन्थ् | Seventh |
| आठवाँ | Āṭh́vāṅ | एट्थ् | Eighth |
| नौवाँ | Nauvāṅ | नाइन्थ् | Ninth |
| दसवाँ | Dasvāṅ | टेन्थ् | Tenth |
| ग्यारहवाँ | Gyārah́vāṅ | एलेवन्थ् | Eleventh |

| | | | |
|---|---|---|---|
| बारहवाँ | Bārah́vāṅ | ट्वेल्फ्थ् | Twelfth |
| तेरहवाँ | Terah́vāṅ | थर्टीन्थ् | Thirteenth |
| चौदहवाँ | Chaudah́vāṅ | फोर्टीन्थ् | Fourteenth |
| पन्द्रहवाँ | Pandrah́vāṅ | फिफ्टीन्थ् | Fifteenth |
| बीसवाँ | Bīsvāṅ | ट्वेन्टीएथ् | Twentieth |
| तीसवाँ | Tīsvāṅ | थर्टीएथ् | Thirtieth |
| पचासवाँ | Pachasvāṅ | फिफ्टीएथ् | Fiftieth |
| इकसठवाँ | Eḱsath́vāṅ | सिक्स्टी-फर्स्ट् | Sixty-first |
| बहत्तरवाँ | Bahttarvāṅ | सेवण्टी-सेकंड् | Seventy-second |
| सौवाँ | Sauvāṅ | हंड्रेड्थ् | Hundredth |

1. वह कक्षा में पहली है।
Vah́ kakshā meṅ pah́lī hai.
She is the first in the class.
शी इज़् द' फर्स्ट् इन द' क्लास्।

2. पन्द्रहवाँ पाठ पढ़ो।
Pandrah́vāṅ pāṭh parhho.
Read the fifteenth lesson.
रीड् द' फिफ्टीन्थ् लेसन्।

3. सौवाँ प्रार्थी (उम्मीदवार) चुना गया।
Sauvāṅ Prārthī (Ummīd́vār) chunā gayā.
The hundredth applicant was selected.
द' हंड्रेड्थ् अप्लिकॅण्ट् वाज़् सेलेक्टेड्।

4. मैंने पहली पाँच पुस्तकें पढ़ी हैं।
Maiṅne pah́lī pāṅch́ pustakeṅ parhhī haiṅ.
I have read the first five books.
आय् हैव्ह् रेड् द' फर्स्ट् फाइव बुक्स्।

# भिन्न संख्याएँ : Fractional Numbers

| | | | | | |
|---|---|---|---|---|---|
| १/४ | पाव | pāo | अ क्वार्टर् | ¼ | A quarter |
| १/२ | आधा | Ādhā | हाफ् | ½ | Half |
| ३/४ | पौना | Paunā | थ्री-क्वार्टर्स | ¾ | Three-quarters |
| १ | एक | Eḱ | वन् | 1 | One |
| १ १/४ | सवा | Savā | वन् ॲण्ड् अ क्वार्टर् | 1¼ | One and a quarter |
| १ १/२ | डेढ़ | Ḍeṛhh | वन् ॲण्ड् अ हाफ् | 1½ | One and a half |
| १ ३/४ | पौने दो | Paune do | वन ॲण्ड् थ्री-क्वार्टर्स | 1¾ | One and three-quarters |
| २ | दो | Do | टू | 2 | Two |
| २ १/४ | सवा दो | Savā do | टू ॲण्ड् अ क्वार्टर् | 2¼ | Two and a quarter |
| २ १/२ | अढ़ाई | Aṛhhā-ī | टू ॲण्ड् अ हाफ् | 2½ | Two and a half |
| २ ३/४ | पौने तीन | Paune tīn | टू ॲण्ड् अ थ्री-क्वार्टर्स | 2¾ | Two and a three-quarters |
| ३ | तीन | Tīń | थ्री | 3 | Three |
| ३ १/४ | सवा तीन | Savā tīn | थ्री ॲण्ड् अ क्वार्टर् | 3¼ | Three and a quarter |
| ३ १/२ | साढ़े तीन | Sāṛhhe tīn | थ्री ॲण्ड् अ हाफ् | 3½ | Three and a half |

| | | | | | |
|---|---|---|---|---|---|
| ३ ३/४ | पौने चार | Paune chār | थ्री अॅण्ड् अ थ्री-क्वार्टर्स | 3¾ | Three and a three-quarters |
| ४ | चार | Chārñ | फोर् | 4 | Four |

and so on (इस प्रकार आगे)

## लम्बाई-परिमाण : Measures of Length

| | | | | | |
|---|---|---|---|---|---|
| १० | मिलिमीटर्स | 10 Millimetres | = १ | सेंटिमीटर | 1 Centimetre |
| १० | सेंटिमीटर्स | 10 Centimetres | = १ | डेसिमीटर | 1 Decimetre |
| १० | डेसिमीटर्स | 10 Decimetres | = १ | मीटर | 1 Metre |

(१ एम् = १०० सीएम् = १००० एम्एम्) =
(1 m = 100 cm = 1000 mm)

| | | | | | |
|---|---|---|---|---|---|
| १० | मीटर्स | 10 Metres | = १ | डेकामीटर | 1 Decametre |
| १० | डेकामीटर्स | 10 Decametres | = १ | हेक्टॉमीटर | 1 Hectometre |
| १० | हेक्टॉमीटर्स | 10 Hectometres | = १ | किलोमीटर | 1 kilometre |

## वज़न-परिमाण : Measures of Weight

| | | | | | |
|---|---|---|---|---|---|
| १० | मिलिग्राम्स् | 10 Milligrammes | = १ | सेंटिग्राम | 1 Centi-gramme |
| १० | सेंटिग्राम्स् | 10 Centi-grammes | = १ | डेसिग्राम | 1 Deci-gramme |
| १० | डेसिग्राम्स् | 10 Deci-grammes | = १ | ग्राम | 1 Gramme |
| | (१ जी = १००० एमजी) | | = (1 g = 1000 mg) | | |
| १० | ग्राम्स् | 10 Grammes | = १ | डेकाग्राम | 1 Deca-gramme |

| | | |
|---|---|---|
| १० डेकाग्राम्स् | 10 Decagrammes | = १ हेक्टोग्राम 1 Hectogramme |
| १० हेक्टोग्राम्स् | 10 Hectogrammes | = १ किलोग्राम 1 Kilogramme |
| (१ केजी = १००० ग्राम्स्) | | = (1 kg = 1000 grammes) |
| १० किलोग्राम्स् | 10 Kilogrammes | = १ मिरियोग्राम 1 Myriogramme |
| १० मिरियोग्राम्स् | 10 Myriogrammes | = १ क्विंटल 1 Quintal |
| १० क्विंटल्स् | 10 Quintals | = १ मेट्रिक टन 1 Metric Tonne |
| (१ टन = १००० केजी) | | = (1 tonne = 1000 kg) |

## धारिता का परिमाण :
## Measures of Capacity

| | | | | |
|---|---|---|---|---|
| १० मिलिलीटर्स | 10 Millilitres | = | १ सेंटिलीटर | 1 Centilitre |
| १० सेंटिलीटर्स | 10 Centilitres | = | १ डेसिलीटर | 1 Decilitre |
| १० डेसिलीटर्स | 10 Decilitres | = | १ लीटर | 1 Litre |
| (१ लीटर = १००० एम् एल्) | | = | (1 Litre = 1000 ml) | |
| १० लीटर्स | 10 Litres | = | १ डेकालीटर | 1 Decalitre |
| १० डेकालीटर्स | 10 Decalitres | = | १ हेक्टोलीटर | 1 Hectolitre |
| १० हेक्टोलीटर्स | 10 Hectolitres | = | १ किलोलीटर | 1 Kilolitre |

# 3

# आधारभूत व्याकरण
# Basic English Grammar

## AT A GLANCE

| | | |
|---|---|---|
| शब्दों के भेद | : | Parts of Speech |
| संज्ञा और सर्वनाम | : | Nouns and Pronouns |
| क्रिया | : | Verb |
| संज्ञा-उपपद और कर्म | : | Noun—Article and Case |
| विशेषण | : | Adjectives |
| सर्वनाम | : | Pronouns |
| काल | : | Time and Tense |
| वाच्य | : | Voice |
| धात्वर्थक संज्ञा | : | Gerund |
| क्रिया-विशेषण | : | Adverb |
| संबंधबोधक | : | Preposition |
| समुच्चयबोधक | : | Conjunction |
| विस्मयादिबोधक | : | Interjection |

## शब्दों के भेद : Parts of Speech

वाक्यों का निर्माण शब्दों के मेल से होता है। प्रत्येक शब्द के अलग-अलग अर्थ होते हैं। कार्य के अनुसार शब्दों को अलग-अलग श्रेणियों में रखा जाता है। जिसे Parts of Speech कहते हैं। अंग्रेजी में शब्दों के आठ भेद हैं–

| | | | |
|---|---|---|---|
| 1. | संज्ञा | Noun | नाउन् |
| 2. | सर्वनाम | Pronoun | प्रोनाउन् |
| 3. | विशेषण | Adjective | ॲड्जेक्टिव्ह् |
| 4. | क्रिया | Verb | व्हर्ब् |
| 5. | क्रिया-विशेषण | Adverb | अडॅव्हर्ब् |
| 6. | समुच्चयबोधक | Preposition | प्रिपोज़िशन् |
| 7. | संबंधबोधक | Conjunction | कंजंक्शन् |
| 8. | विस्मयादिबोधक | Interjection | इंटरजेक्शन् |

उपर्युक्त शब्द-भेदों की परिभाषाएँ जो हिन्दी में हैं वही अंग्रेजी में हैं। इनके नाम अंग्रेजी में भिन्न होने के कारण यहाँ दे दिये गये हैं।

## संज्ञा और सर्वनाम : Nouns and Pronouns

अंग्रेजी में पुरुष, लिंग, वचन और कारक से संज्ञा और सर्वनाम के रूप बदलते हैं।

1. पुरुष (Person = पर्सन्) तीन होते हैं–

(a) प्रथम पुरुष = फर्स्ट् पर्सन् (First Person)

(b) द्वितीय पुरुष = सेकंड् पर्सन् (Second Person)

(c) तृतीय पुरुष = थर्ड् पर्सन् (Third Person)

2. लिंग (Gender = जेंडर्) तीन होते हैं–

(a) पुल्लिंग = मॅस्कुलिन्' जेंडर् (Masculine Gender)

(b) स्त्रीलिंग = फेमिनिन्' जेंडर् (Feminine Gender)

(c) नपुंसक लिंग = न्यूटर् जेंडर् (Neuter Gender)

3. वचन (Number = नंबर) दो होते हैं–

(a) एकवचन = सिंग्युल्र (Singular Number)

(b) बहुवचन = प्ल्युरल् नंबर् (Plural Number)

4. कारक (Case = केस्') पाँच होते हैं–

(a) कर्ताकारक = नॉमिनेटिव्ह्' केस (Nominative Case)

(b) संबोधन = नॉमिनेटिव्ह्' ऑफ् अड्रेस (Nominative of Address)

(c) कर्मकारक = अक्युजेटिव्ह्' केस (Accusative Case)

(d) संप्रदान कारक = डेटिव्ह्' केस (Dative Case)

(e) सम्बन्ध कारक = पॉसेसिव्ह्' केस (Possessive Case)

हिन्दी में पुरुष, लिंग, वचन और कारक की जो परिभाषाएँ हैं वही अंग्रेजी में हैं। क्रम में अंतर होने के कारण ये यहाँ दे दिये गये हैं।

## क्रिया: Verb

क्रिया (Verb व्हर्ब्') के रूप, काल, पुरुष और वचन के अनुसार बदलते हैं। लिंग के कारण क्रिया में कोई परिवर्तन नहीं होता। तीनों लिंगों में क्रिया एक–सी रहती है।

काल (Tense–टेन्स्') के तीन भेद हैं–

(क) वर्तमानकाल = प्रेजेंट् टेंस्' (Present Tense)

(ख) भूतकाल = पास्ट् टेंस् (Past Tense)

(ग) भविष्यत् काल् = फ्यूचर् टेंस् (Future Tense)

हिन्दी में काल (Tense–टेंस्) की जो परिभाषा है वही अंग्रेजी में है।

## सहायक क्रिया 'To be' (टु *बी*) 'होना' का वर्तमानकाल : Present Tense of Auxiliary Verb 'to be'

| | एकवचन | बहुवचन |
|---|---|---|
| प्रथम पुरुष – | हूँ = Am (ॲम्) | हैं = Are (आ) |
| द्वितीय पुरुष – | हैं, हो = Are (आ) | हो, हैं = Are (आ) |
| तृतीय पुरुष { पु०, स्त्री०, नपु० | है = Is (इज़्) | हैं = Are (आ) |

सहायक क्रिया को अंग्रेजी में helping verb (हेल्पिंग् व्हर्ब्) कहते हैं। 'To be' helping verb है।

## सर्वनाम के साथ सहायक क्रिया 'To be' (टु *बी*) 'होना' : Pronouns with the Auxiliary Verb 'to be'

| | एकवचन | बहुवचन |
|---|---|---|
| प्रथम पुरुष – | मैं हूँ = I am (आय् ॲम्) | हम हैं = We are (वी आ) |
| द्वितीय पुरुष – | तू है = Thou/you are (दाऊ यू, आर) | तुम हो, आप हैं = You are (यू आ) |

| | | |
|---|---|---|
| तृतीय पुरुष | (पुं०) वह है = He is (ही इज़्) | |
| | (स्त्री०) वह है= She is (शी इज़्) | वे हैं = They |
| | (नपुं०) वह है = It is (इट् इज़्) | are (दे आ´) |

हिन्दी की वाक्य-रचना में वाक्य के आरंभ में कर्त्ता, बाद में कर्म आदि अन्य शब्द-भेद और अंत में क्रिया होती है। अंग्रेजी की वाक्य-रचना में वाक्य के आरंभ में कर्त्ता, बाद में क्रिया और क्रिया के बाद कर्म आदि अन्य शब्द-भेद रहते हैं।

## संज्ञा और क्रिया : Noun and Verb

अंग्रेजी में क्रिया के पहले 'to' (टु) और हिन्दी में 'ना' जोड़कर क्रिया का नामकरण करते हैं। अंग्रेजी के शब्दकोश में क्रिया मूलरूप में होती है और हिन्दी के शब्दकोश में अपने नाम के रूप में होती है।

| | | | | |
|---|---|---|---|---|
| धातुरूप | सीख् | (sīkh́) | learn | (लर्न्) |
| नामरूप | सीखना | (sīkh́nā) | to learn | (टु लर्न्) |

शब्दकोश में संज्ञाएँ एकवचन और क्रियाएँ बहुवचन में होती हैं। 's' जोड़ने से संज्ञाएँ बहुवचन और 's' या 'es' जोड़ने से क्रियाएँ एकवचन में हो जाती हैं।

**संज्ञा** - कलम pen (पेन्); कलमें pens (पेन्स्)

**एकवचन** pen (कलम) का बहुवचन में pens (कलमें) हुआ।

**क्रिया** - सीखते हैं learn (लर्न्); सीखता है/सीखती है learns (लर्न्स्)।

(सीखते हैं) बहुवचन learn का थर्ड परसन, एकवचन में (सीखता है) learns यह रूप हुआ।

**To learn ( टु लर्न् ) = सीखना, अनुभव प्राप्त करना = वर्तमानकाल**

**एकवचन व बहुवचन**

| | | |
|---|---|---|
| **प्रथम पुरुष** (एकवचन) | मैं सीखता/ती हूँ | I learn |
| **प्रथम पुरुष** (बहुवचन) | हम सीखते हैं | We learn |
| **द्वितीय पुरुष** (एकवचन) | तू सीखता/ती है | You learn/ Thou learnest |
| **द्वितीय पुरुष** (बहुवचन) | तुम सीखते/ती हो | |
| | आप सीखते/ती हैं | You learn |
| **तृतीय पुरुष** (एकवचन) | पुं० वह सीखता है | He learns |
| | स्त्री० वह सीखती है | She learns |
| **तृतीय पुरुष** (बहुवचन) | पुं० वे सीखते हैं | They learn |
| | स्त्री० वे सीखती हैं | They learn |
| | नपुं० वे सीखते/ती हैं | They learn |

1. ऊपर की रूपावली में तृतीय पुरुष एकवचन में–'learn' को 's' जोड़कर 'learns' एकवचन रूप बना देते हैं।
2. द्वितीय पुरुष एकवचन में - 'learn' को 'est' जोड़कर द्वितीय पुरुष एकवचन का रूप 'learnest' (लर्नेस्ट्) बना है। क्रिया में 'est' जोड़कर क्रिया के द्वितीय पुरुष एकवचन का रूप बनाते हैं। परन्तु आजकल 'est' केवल कविता की भाषा में जोड़ा जाता है। सर्वसाधारण की भाषा में 'learn' द्वितीय पुरुष में भी प्रयोग किया जाता है।
3. द्वितीय पुरुष एकवचन 'Thou' का प्रयोग ईश्वर के लिए करते हैं या पुरानी कविता में इसका प्रयोग है। लोक–व्यवहार में तू के लिए भी 'you' का ही प्रयोग करते हैं।
4. प्रथम पुरुष एकवचन में क्रिया हमेशा बहुवचन में रहती है।

## सहायक क्रियाएँ : Auxiliary Verbs

1. पिछले पाठों में हमने Auxiliary Verb "to be" (होना) के प्रयोग को पढ़ा है और नीचे लिखे वाक्यों के प्रकार बनाये हैं :–

| Affirmative | Interrogative | Negative | Interrogative |
|---|---|---|---|
| I am. | Am I? | I am not. | Am I not? |
| I am clever. | Am I clever? | I am not lazy. | Am I not lazy? |

2. ध्यानपूर्वक देखने से पता चलता है कि (a) नकारात्मक (negative) वाक्यों में "not" auxiliary verb "to be" के तत्काल बाद आता है और (b) प्रश्नात्मक (interrogative) वाक्यों में auxiliary verb "to be" (होना) को कर्त्ता के पहले अर्थात् वाक्य के आरंभ में रखकर और वाक्य के अंत में प्रश्नचिह्न (?) लगाते हैं।

3. अंग्रेजी में प्रश्नात्मक (interrogative) अथवा नकारात्मक (negative) वाक्य सहायक (auxiliary) क्रियाओं की सहायता से ही बनाये जाते हैं। **सामान्य वर्तमानकाल और सामान्य भूतकाल** में, जहाँ सहायक क्रियापद (auxiliary verb) नहीं होते वहाँ सहायक क्रिया (auxiliary verb) "do" अथवा "does" और "did" की सहायता से प्रश्नात्मक (interrogative) और नकारात्मक (negative) वाक्य बनाये जाते हैं। इस पाठ में प्रयुक्त नियमित क्रियाओं (regular verbs) के प्रश्नात्मक (interrogative) और नकारात्मक (negative) इस प्रकार बनते हैं :–

| Affirmative | Interrogative | Negative | Interrogative |
|---|---|---|---|
| I go. | Do I go? | I do not go. | Do I not go? |
| She sings. | Does she sing? | She does not sing? | Does she not sing? |
| They come. | Do they come? | They do not come. | Do they not come? |

4. Interrogative और negative वाक्यों में जो स्थान सहायक क्रियापद "to be" का था यहाँ वही स्थान सहायक क्रियापद "to do" का है। इसी प्रकार नीचे अन्य सहायक क्रियापद (auxiliary verbs = helping verb) के प्रयोग दिये गये हैं :-

| | | | |
|---|---|---|---|
| सकना, योग्य होना = | Can (कैन्); न सकना = | Can't (कॅन्ट्) cannot का छोटा रूप। | |
| अवश्य चाहिए, | Must (मस्ट्) | | |
| संभव होना, सकना | May (मे) | | |
| करना = | Do (डू); न करना = | Don't (डोन्ट) do not का छोटा रूप। | |

1. Can : सामान्यत: Can (कैन्) योग्यता, कुशलता, सामर्थ्य, शक्ति को बतलाता है; जैसे–

| | |
|---|---|
| वह इस काम को कर सकता है। | ही कैन डू दिस वर्क। He can do this work. |
| क्या तुम इस बॉक्स को उठा सकते हो? | कैन यू लिफ्ट दिस बाक्स? Can you lift this box? |

2. May : May का प्रयोग अनुमति प्राप्त करने के लिए किया जाता है। विधानार्थक वाक्यों में 'May' का प्रयोग 'संभावना' को प्रकट करता है।

संबंधित प्रश्नात्मक और नकारात्मक वाक्यों में 'Can' का प्रयोग करते हैं।

| | |
|---|---|
| 1. क्या मैं अन्दर आ सकता हूँ? | मे आय् कम् इन्? May I come in? |

| | | |
|---|---|---|
| 2. | सम्भव है, आज बारिश हो, (आज बारिश हो सकती है। बारिश होने की सम्भावना प्रकट होती है।) | इट मे रेन् टुडे। It may rain today. |

## शब्दावली (Vocabulary)

| | | | |
|---|---|---|---|
| काम, काम करना | kām, kām karnā | Work | वर्क् |
| मुस्कराना | musḱranā | Smile | स्माइल् |
| हँसना | haṅsnā | Laugh | लाफ् |
| मरना | marnā | Die | डाइ |
| घोड़े पर चढ़ना | ghoṛe par chaṛh́na | Ride | राइड् |
| युद्ध करना | yuddh karnā | Fight | फाइट् |
| द्वेष करना | dvesh karnā | Hate | हेट् |
| चोरी करना, चुराना | chorī karnā, churānā | Steal | स्टील् |
| अभ्यास करना | abhyās karnā | Practise | प्रैक्टिस् |
| प्रेम करना, प्रेम | prem karnā, prem | Love | लव् |
| जीतना | jī́tnā | Win | विन् |
| हारना, खोना | hārnā | Lose | लूज |
| प्रतीक्षा करना, ठहरना | pratīksā karnā ṭhah́arnā | Wait | वेट् |
| उठाना | uṭhānā | Lift | लिफ्ट् |

| | |
|---|---|
| मैं जा सकता/सकती हूँ। | I can go. |
| Maiṅ jā saḱtā/saḱtī hūṅ. | आय कैन् गो। |
| तुम जा सकते/सकती हो। | You can go. |
| Tum jā saḱte/saḱtī ho. | यू कैन् गो। |
| वह जा सकता/सकती है। | He/She/It can go. |
| Vah́ jā saḱtā/saḱtī hai. | |
| हम/आप/वे जा सकते/सकती हैं। | We/You/They can go. |
| Ham/āp/ve jā saḱte/saḱtī haiṅ. | वी/यू/दे कैन् गो। |

| | | | | |
|---|---|---|---|---|
| मैं | | जाऊँ | I | |
| तुम | | जाओ | You | |
| वह | कदाचित् | जाए | He/She/It | may go. |
| हम/आप/वे | | जाएँ | We/You/They | |

| | | | |
|---|---|---|---|
| मुझे | | I | |
| तुम्हें | | You | |
| उसे/इसे | जाना चाहिए। | He/She/It | must go. |
| हमें/आपको/उन्हें | | We/You/They | |

ऊपर सहायक क्रियापद (auxiliary verb) के रूप में "to do" (टु डु) की जानकारी दी गयी है। यहाँ नियमित क्रियापद के रूप में "to do" की रचना दी जा रही है :-

| | |
|---|---|
| मैं करता/करती हूँ। | I do. |
| तुम करते/करती हो। | You do. |
| वह/यह करता/करती है। | He/She/It does. |
| हम/आप/वे करते/करती हैं। | We/You/They do. |

| | |
|---|---|
| आय् कॅन'ट वेट्। | मैं ठहर नहीं सकता। |
| I can't wait. | Maiṅ ṭhahar nahīṅ sḱtā. |
| ही मस्ट् प्रैक्टिस्। | उसे अभ्यास अवश्य करना चाहिए। |
| He must practise. | Use abhyās avashy karnā chāhiye. |
| ही ड्ज नॉट् वर्क्। | वह काम नहीं करता। |
| He does not work. | Vah́ kām nahīṅ kartā. |
| डोंट स्टील्। | चोरी मत करो। |
| Don't steal. | Chorī mat́ karo. |
| मे आय् गो होम्? | मैं घर जाऊँ? |
| May I go home? | Maiṅ ghar jā-ūṅ? |
| इट मे रेन। | कदाचित् पानी बरसे। |
| It may rain. | Kadāchit pānī barse. |
| इट मे बी टू। | यह कदाचित् सच हो। |
| It may be true. | Yah́ kadāchit sach́ ho. |
| दे डोंट् राइड्। | वे नहीं चढ़ते। |
| They don't ride. | Ve nahīṅ chaṛhte. |
| वी मस्ट लव ऑल्। | हमें सबसे प्रेम अवश्य करना चाहिए। |
| We must love all. | Hameiṅ sab́se prem avashy karnā chāhiye. |
| यू मस्ट नॉट् हेट्। | तुम्हें द्वेष नहीं करना चाहिए। |
| You must not hate. | Tumheiṅ dvesh nahīṅ karnā chāhiye. |

| | |
|---|---|
| ही लूजेस् अॅण्ड् शी विनस्। | वह हारता है और वह जीतती है। |
| He loses and she wins. | Vaḣ hārtā hai aur vaḣ jītatī hai. |
| कैन् यू लिफ्ट् दिस् बॉक्स्? | क्या तुम यह बॉक्स उठा सकते हो? |
| Can you lift this box? | Kyā tum yaḣ bõx uṭhā saḱte ho? |
| शी स्माइल्स् बट दे लाफ्। | वह मुस्कराती है मगर वे हँसते हैं। |
| She smiles but they laugh. | Vaḣ muskrātī hai magar ve haṅste haiṅ. |

## प्रश्न-उत्तर : (Questions and Answers)

Q. डू यू रीड्?

Do you read?

A. यस्, आय् रीड्। — हाँ, मैं पढ़ता हूँ।

Yes, I read. — Hāṅ, maiṅ paṛhtā hūṅ.

Q. डू यू राइट्?

Do you write?

A. नो, आय् डोंट राइट्। — नहीं, मैं नहीं लिखता हूँ।

No, I don't write. — Maiṅ nahīṅ likḣtā hūṅ.

Q. कैन् यू रीड्?

Can you read?

A. यस, आय् कैन् रीड्। हाँ, मैं पढ़ सकता हूँ।
Yes, I can read. Hān, main paṛh saḱtā hūn.

Q. कैन यू राइट्?
Can you write?

A. नो, आय् कॅन्ट् राइट्। नहीं, मैं लिख नहीं सकता।
No, I can't write. Nahīn, main likh́ nahīn saḱtā.

Q. मे आय् गो?
May I go?

A. यस, यू मे गो। हाँ, तुम जा सकते हो।
Yes, you may go. Hān, tum jā saḱte ho.

Q. मस्ट ही स्टडी?
Must he study?

A. यस, ही मस्ट स्टडी। हाँ, उसे अवश्य पढ़ना चाहिए।
Yes, he must study. Hān, use avashy paṛhnā chāhiye.

## संज्ञा—उपपद और कर्म :
## Noun—Article and Case

### उपपद

1. अनेक में से किसी **एक अपरिचित या पूर्वानुक्त** व्यक्ति, प्राणी, पदार्थ की जातिवाचक संज्ञा का पहला अक्षर व्यंजन या उच्चरित व्यंजन

हो तो 'a' (अ=एक; कोई) और पहला अक्षर स्वर या उच्चरित स्वर हो तो 'an' (ऐन = एक; कोई) उपपद (article = आर्टिकल्) लगाते हैं; जैसे–

| | | |
|---|---|---|
| पहला अक्षर व्यंजन | a pen (अ पेन्) | = एक कलम या कोई कलम। |
| उच्चरित व्यंजन | a unionist (अ युनिअनिस्ट्) | = एक संघ वाला या कोई संघ वाला। |
| पहला अक्षर स्वर | an apple (ऐन एप्पल) | = एक सेब या कोई सेब |
| उच्चरित स्वर | an hour (ऐन् अवर्) | = एक घंटा या कोई घंटा |

2. अनेक में से किसी **एक या अनेक परिचित** या पूर्वोक्त व्यक्ति, प्राणी या पदार्थ की जातिवाचक संज्ञा के बारे में कहना हो तो उस संज्ञा (एक या अनेक) के पहले 'the' ('द'=वह) उपपद लगाते हैं; जैसे–

The pen (द् पेन्) = **वह एक कलम** जो परिचित या पूर्वोक्त है।

The pens (द् पेन्स) = **वे कलमें** जो परिचित या पूर्वोक्त हैं।

**कर्म**

3. कर्म Accusative Case ('अक्युजेटिव्ह' केस=कर्मकारक) में होता है। कर्ता, कारक के समान ही कर्मकारक की संज्ञा के रूप में कोई परिवर्तन नहीं होता।

4. क्रिया के पहले कर्त्ता और क्रिया के बाद कर्म रहता है। कर्ता और कर्म की संज्ञा की पहचान स्थान से होती है। अन्यथा दोनों के रूप में कोई भेद न होने पर भी वाक्य के भाव (sense) से जाने जाते हैं; जैसे–

| | |
|---|---|
| (a) द॒ ब्वॉय् थ्रोज् अ स्टोन्। | लड़का पत्थर फेंकता है। |
| The boy throws a stone. | Laṛhká patthar phenkta hai. |
| (b) द॒ गर्ल ईट्स् ऐन एप्पल्। | लड़की सेब खाती है। |
| The girl eats an apple. | Laṛhkī seb khātī hai. |

ऊपर के वाक्यों में 'The boy' और 'The girl' ये क्रमश: 'Throws' और 'eats' क्रिया के कर्त्ता हैं। ये कर्त्ता, कारक में हैं। 'a stone' और 'an apple' ये कर्म हैं। ये कर्मकारक में हैं।

5. संज्ञा के पहले विशेषण हो तो विशेषण के पहले उपपद लगाते हैं; जैसे–

| | |
|---|---|
| राम इज़् अ गुड ब्वॉय्। | राम अच्छा लड़का है। |
| Ram is a good boy. | Rām achchhā laṛhkā hai. |

6. हिन्दी में उपपद a, an और the का अनुवाद नहीं करते। इनके अर्थगर्भित होते हैं।

| | | |
|---|---|---|
| लड़का | a boy | (अ ब्वॉय्) |
| लड़की | a girl | (अ गर्ल) |
| पत्थर | a stone | (अ स्टोन्) |
| फेंकना | to throw | (टु थ्रो) |
| खाना | to eat | (टु ईट) |
| संघ वाला | a unionist | (अ यूनिअनिस्ट्) |
| घंटा | an hour | (ऐन् अवर्) |

## संप्रदान कारक : Dative Case

**जिसको कुछ दिया जाये** या **जिसके लिए कुछ किया जाये** वह संप्रदान कारक (Dative Case) होता है; जैसे–

(a) राम गिव्ह्स हरि अ पेन्। — राम हरि को कलम देता है।
Ram gives Hari a pen. — Rām Hari ko kalam detā hai.

(b) राम बायृज़ अ पेन् फॉर हरि। — राम हरि के लिए कलम खरीदता है।
Ram buys a pen for Hari. — Rām Hari ke lie kalam kharīdtā hai.

1. ऊपर के पहले वाक्य में हरि को कलम **दिया गया** और दूसरे वाक्य में **'हरि के लिए'** कलम की **खरीद की गयी।** इन दोनों वाक्यों में 'हरि' Dative Case (संप्रदान कारक) में है। Pen (पेन्) Accusative Case (कर्मकारक) में है।

2. कुछ क्रियाएँ द्विकर्मक होती हैं। एक प्रधान कर्म (direct object = डायरेक्ट ऑब्जेक्ट्) होता है जो प्राय: वस्तुवाचक होता है। दूसरा गौण कर्म (indirect object = इनडायरेक्ट ऑब्जेक्ट) होता है, जो प्राय: प्राणिवाचक होता है। जैसे :–

राम गिव्ह्स हरि अ बॉल्। — राम हरि को गेंद देता है।
Ram gives Hari a ball. — Rām Hari ko gend detā hai.

3. जब वाक्य में दो कर्म हों तो क्रिया के बाद indirect object (गौण कर्म) और उसके बाद direct object (प्रधान कर्म) रहता है। इनके स्थान परिवर्तन करने पर indirect object के पहले 'to' या 'for' अव्यय लगाते हैं। जैसे :–

राम गिव्ह्स अ बॉल टु हरि। — राम हरि को गेंद देता है।
Ram gives a ball to Hari. — Rām Hari ko gend detā hai.

राम बायुज़ अ पेन् फॉर हरि। राम हरि के लिए कलम खरीदता है।

Ram buys a pen for Hari. Rām Hari ke lie kalam kharīdtā hai.

## संबंध कारक : Possessive Case

1. किसी भी सजीव संज्ञा को 's (apostrophe 's = अपॉस्ट्रॉफि 's) लगाने पर संज्ञा Possessive Case (संबंधकारक) बन जाती है; जैसे–

इट इज् अ बर्ड्स् नेस्ट। यह पक्षी का घोंसला है।

It is a bird's nest. Yah paksī kā ghonsalā hai.

a bird (बर्ड्)=पक्षी। a nest (नेस्ट्) = घोंसला।

2. निर्जीव संज्ञा के पहले of (ऑफ् = का, के, की) लगाने पर संज्ञा Possessive Case (संबंधकारक) में होती है; जैसे–

दीज् आ र्द डोर्स ऑफ अ हाउस्। ये घर के दरवाजे हैं।

These are the doors of a house. Ye ghar ke darvāje hain.

These (दीज्) = ये। A door (डोर) = दरवाजा।

A house (हाउस) = घर।

## सर्वनाम–कर्मकारक और संबंधकारक में

## Pronoun—In Accusative and Possessive Case

### एकवचन (Singular)

**कर्मकारक**

मुझे, मुझको Me मी

| | | | |
|---|---|---|---|
| तुझे, तुझको | | Thee | दी |
| उसे, उसको | (पु०) | Him | हिम् (पु०) |
| उसे, उसको | (स्त्री०) | Her | हर् (स्त्री०) |
| उसे, उसको | (वस्तु) | It | इट् |

**संबंधकारक**

| | | | | |
|---|---|---|---|---|
| मेरा–रे–री | My | माई | Mine | माइन |
| तेरा–तेरे–री | Thy | दाई | Thine | दाइन |
| उसका–के–की | His | हिज् | | |
| उसका–के–की | Her | हर | | |
| उसका–के–की | It | इट | Its | इट्स |

## बहुवचन (Plural)

**कर्मकारक**

| | | |
|---|---|---|
| हमें, हमको | Us | अस् |
| तुम्हें, तुमको | You | यू |
| उन्हें, उनको | Them | देम् |

**संबंधकारक**

| | | | | |
|---|---|---|---|---|
| हमारा–रे–री | Our | आवर् | Ours | आवर्स् |
| तुम्हारा–रे–री | Your | योर् | Yours | योर्स् |
| उनका–के–की | Their | देअर् | Theirs | देअर्स |

2. संबंधकारक के दो रूप हैं। पहला रूप संज्ञा के पहले जोड़ते हैं। क्रिया से विशेष संबंध होने पर दूसरा रूप क्रिया के बाद में रखते हैं; जैसे–

यह **मेरी पुस्तक** है। This is my book. दिस् इज़् माई बुक्।

यह पुस्तक **मेरी** है। This book is mine. दिस् बुक् इज़् माइन्।

3. अंग्रेजी वाक्य में यदि संबंधकारक my, thy वगैरह से उद्देश्य (कर्त्ता) का बोध होता हो तो उनका अनुवाद हिन्दी में–अपना/ने/नी से करते हैं; जैसे–

वह अपनी दुकान बन्द करता है। He shuts his shop.
ही शट्स हिज़् शॉप्।

## विशेषण : Adjectives

वह शब्द जो किसी संज्ञा या सर्वनाम की विशेषता बताए, उसे **विशेषण** कहते हैं; जैसे– a *beautiful* flower, a *poor* man, an *innocent* boy, a *tall* tree.

| | | | |
|---|---|---|---|
| दयालु | = | Kind | (काइंड्) |
| ठीक | = | Well | (वेल्) |
| कुशल | = | Clever | (क्लेव्हर्) |
| काला | = | Black | (ब्लैक्) |
| अच्छा | = | Good | (गुड्) |
| गरीब | = | Poor | (पुअर्) |
| दुबला | = | Lean | (लीन्) |
| खट्टा | = | Sour | (सॉव–) |
| मैं अच्छा हूँ | = | I am well | (वेल) |
| तू दयालु है | = | Thou/you are kind | (काइंड) |
| वह गरीब है | = | He is poor | (पुअर) |
| वह दुबली है | = | She is lean | (लीन्) |
| वह खट्टा है | = | It is sour | (साव–) |
| हम कुशल हैं | = | We are clever | (क्लेव्हर्) |

| | | | |
|---|---|---|---|
| तुम काले हो/ आप काले हैं | = | You are black | (ब्लैक) |
| वे गरीब हैं | = | They are poor | (पुअर्) |
| वे दुबली हैं | = | They are lean | (लीन्) |
| वे खट्टे हैं | = | They are sour | (साव॑-) |

ऊपर दिए गए वाक्य विधिवाचक हैं। विधिवाचक वाक्य को निषेधवाचक वाक्य बनाना हो तो 'सहायक क्रिया' के बाद 'not' (नॉट् = नहीं) शब्द रखते हैं। जैसे:–

| | | |
|---|---|---|
| मैं अच्छा नहीं हूँ | = | I am not well. |
| वे गरीब नहीं हैं | = | They are not poor. |

विधिवाचक वाक्य और निषेधवाचक को प्रश्नवाचक वाक्य बनाना हो तो वाक्य के आरंभ में सहायक क्रियापद को रखते हैं; बाद में कर्त्ता और उसके बाद अन्य शब्द होते हैं और वाक्य के अंत में प्रश्नचिन्ह रहता है। जैसे :–

| | | |
|---|---|---|
| **विधिवाचक** | मैं गरीब हूँ। | I am poor. |
| **प्रश्नवाचक** | क्या मैं गरीब हूँ? | Am I poor? |
| **निषेधवाचक** | वे कुशल नहीं हैं। | They are not clever. |
| | क्या वे कुशल नहीं हैं? | Are they not clever? |

**शब्दावली (Vocabulary)**

| | | | |
|---|---|---|---|
| चतुर, होशियार | chatur, hoshiyār | क्लेवर | Clever |
| मंद, सुस्त | mand́, susta | डल | Dull |
| दुबला | dub'lā | लीन् | Lean |
| बुरा | burā | बैड् | Bad |

| | | | |
|---|---|---|---|
| धनी | ḍhanī | रिच् | Rich |
| गरीब | garīb′ | पुअर | Poor |
| बुद्धिमान् | buddhimān | वाइज़् | Wise |
| मोटा | motā | फैट् | Fat |
| कुरूप | kurūp | अग्ली | Ugly |
| कमजोर | kamjorñ | वीक् | Weak |
| अच्छा | achchhā | गुड् | Good |
| तैयार | taiyārñ | रेडी | Ready |
| मज़बूत | maźbūt′ | स्ट्रांग् | Strong |
| ठीक, अच्छा | ṭhīk′, achchhā | वेल् | Well |
| हाँ | Hāṅ | यस् | Yes |

## *नीचे लिखे प्रश्नोत्तर दुहरायें*

Q. ऑम् आय् पुअर?
Am I poor?

A. यस्, यू आर्′ पुअर।
Yes, you are poor.

Q. इज़् ही रिच्?
Is he rich?

A. यस्, ही इज़् रिच्।
Yes, he is rich.

Q. इज़् शी लीन्?
Is she lean?

A. यस्, शी इज़् लीन्।
Yes, she is lean.

Q. इज़् इट् गुड?
Is it good?

A. यस्, इट् इज़् गुड्।
Yes, it is good.

Q. आ′ यू फैट्?
Are you fat?

A. यस्, आय् ऑम् फैट।
Yes, I am fat.

Q. आ' यू क्लेवर-? A. यस्, यू आ' क्लेवर।

Are you clever? Yes, you are clever.

Q. आ' दे डल्? A. यस्, दे आ' डल्।

Are they dull? Yes, they are dull.

हिन्दी में संज्ञा के लिंग और वचन के अनुसार विशेषणों के रूप में परिवर्तन होता है; जैसे–

| | | |
|---|---|---|
| लिंग भेद से- | अच्छा लड़का, | अच्छी लड़की |
| | Achchhā laṛh́kā, | Achchhī laṛh́ki |
| | (Good boy) | (Good girl) |
| वचन भेद से- | अच्छा लड़का | अच्छे लड़के |
| | Achchhā laṛh́kā, | Achchhe laṛh́ke |
| | (Good boy) | (Good boys) |

परन्तु अंग्रेजी में संज्ञा के लिंग और वचन में भेद होने पर भी विशेषण में किसी प्रकार का परिवर्तन नहीं होता; जैसे–

| | | |
|---|---|---|
| लिंग भेद से- | (पुल्लिंग) Masculine | (स्त्रीलिंग) Feminine |
| | एक अच्छा लड़का | एक अच्छी लड़की |
| | A good boy | A good girl |
| | अ गुड् ब्वॉय | अ गुड् गर्ल् |
| वचन भेद- | (एकवचन) Singular | (बहुवचन) Plural |
| | एक अच्छा लड़का | अच्छे लड़के |
| | A good boy | Good boys |
| | अ गुड् ब्वॉय | गुड् ब्वॉयज़ |

विशेषण (Adjectives) मुख्यतः तीन प्रकार के होते हैं:

1. गुणवाचक विशेषण (Adjectives of Quality)

2. परिमाणबोधक विशेषण (Adjectives of Quantity)

3. विभेदात्मक अथवा संकेतात्मक विशेषण (Distinctive or Indicative Adjectives)

## 1. गुणवाचक विशेषण : Adjectives of Quality

जिस विशेषण (Adjective) ) से किसी संज्ञा (Noun) की दशा का बोध हो, उसे गुणवाचक विशेषण (Adjectives of Quality) कहते हैं; जैसे–

(a) Rishabh is a brilliant student.
ऋषभ इज़ अ ब्रिलिएंट स्टुडेंट।
ऋषभ एक मेधावी छात्र है।
Rishabh eḱ medhāvi chhātra hai.

(b) Rohit is a good boy.
रोहित इज़ अ गुड ब्वॉय।
रोहित एक अच्छा लड़का है।
Rohit eḱ achchha ladkā hai.

1. हि हैज़् अ ब्लैक् हॉर्स्।
He has a black horse.
उसके पास काला घोड़ा है।
Uske pās kālā ghoṛhā hai.

2. राघव इज़् अ स्मार्ट् ब्वॉय।
Raghav is a smart boy.
राघव कुशल बालक है।
Rāghav kushaĺ bālaḱ hai.

3. द' सिक् चाइल्ड् इज़् क्राइंग्।
The sick child is crying.
बीमार बच्चा रो रहा है।
Bīmār bachchā ro rahā hai.

4. द' डब्लिट् इज़् डर्टी। — कुर्ता मैला है।
The doublit is dirty. — Kurtā mailā hai.

5. द' हैण्ड्कर्चीफ् इज़ क्लीन्। — रूमाल साफ है।
The handkerchief is clean. — Rūmāl sāph hai.

## निश्चित संख्यावाचक विशेषण :
## Definite Numerical Adjectives

1. आय् हैव् फोर् बुक्स्। — मेरे पास चार पुस्तकें हैं।
I have four books. — Mere pās chārñ pustkeṅ haiṅ.

2. द' हैण्ड् हैज् फाइव्ह फिंगर्स्। — हाथ की पाँच अँगुलियाँ हैं।
The hand has five fingers. — Hāth kī pāṅch' aṅguliyāṅ haiṅ.

3. संडे इज़् द' फर्स्ट डे ऑफ द' वीक्। — रविवार सप्ताह का पहला दिन है।
Sunday is the first day of the week. — Ravivārñ sap'tāh' kā pah'lā din hai.

4. देअ' आ' सेवन् डेज़् इन् अ वीक्। — सप्ताह में सात दिन होते हैं।
There are seven days in a week. — Sāp'tāh' meṅ sāt' din' hote haiṅ.

5. फिफ्टी-टू वीक्स मेक' अ यिअर्। — बावन सप्ताह का एक साल होता है।
Fifty-two weeks make a year. — Bāvan sap'tāh' kā ek' sāl' hotā hai.

## अनिश्चित संख्यावाचक विशेषण :
## Indefinite Numerical Adjectives

1. वहाँ बहुत लड़के थे। — मेनि ब्यॉज़ वेअ' देअ'।
   Vahāṅ bahut laṛke the. — Many boys were there.

2. कुछ मनुष्य दुष्ट होते हैं। — सम् मेन आ' क्रुयेल्।
   Kuchh manuṣy duṣṭ hote haiṅ. — Some men are cruel.

3. वह अल्पभाषी है। — ही इज़् अ मैन् ऑफ् फ्यू वर्ड्स्।
   Vah alp bhāṣī hai. — He is a man of few words.

4. सभी को मरना है। — आल् मेन् मस्ट् डाई।
   Sabhī ko marnā hai. — All men must die.

5. मैंने अनेक बार पुकारा है। — आय् हैव्ह् कॉल्ड् सेव्हरल् टाइम्स।
   Maiṅne anek bār pukārā hai. — I have called several times.

## विभाजक संज्ञावाचक विशेषण :
## Distributive Numerical Adjectives

1. एव्ह्री डॉग् हैज़् हिज़् डे। — हर एक कुत्ते का अपना दिन होता है।
   Every dog has his day. — Her ek kutte kā apnā din hotā hai.

2. ईच् ब्वॉय मस्ट् टेक् हिज़् टर्न्। — प्रत्येक लड़के को अपनी पारी लेनी चाहिए।

| | |
|---|---|
| Each boy must take his turn. | Pratyek laṛhke ko apnī pārī lenī chāhiye. |
| 3. ईदर् पेन् विल् डू। | दोनों में से कोई कलम चलेगी। |
| Either pen will do. | Donoṅ meṅ se ko-ī kalam chalegī. |
| 4. नीदर् अॅक्यूज़ेशन् इज़् ट्रू। | दोनों में से एक भी अभियोग सच्चा नहीं है। |
| Neither accusation is true. | Donoṅ meṅ se ek bhī abhiyog sachchā nahīṅ hai. |

## 2. परिमाणवाचक विशेषण : Adjectives of Quantity

जिस विशेषण (Adjective) से किसी संज्ञा (Noun) के परिमाण या संख्या का बोध हो उसे परिमाणवाचक विशेषण (Adjectives of Quantity) कहते हैं; जैसे–

(a) I have many pens.
आय् हैव मेनि पेन्स।
मेरे पास अनेक कलम हैं।
Mere pās anek kalam hai.

(b) There is little milk in the pot.
देअ' इज़ लिटिल मिल्क इन द पॉट.
बर्तन में थोड़ा दूध है।
Berten mein thodā dūdh hai.

| | |
|---|---|
| 1. द' मर्चैण्ट् लॉस्ट ऑल् हिज वेल्थ्। | उस व्यापारी की सारी संपत्ति गयी। |
| The merchant lost all his wealth. | Us vyāpārī kī sārī sampatti gayī. |

| | | |
|---|---|---|
| 2. | आय् एट् सम् राइस्। | मैंने थोड़ा चावल खाया। |
| | I ate some rice. | Mainė thoṛhā chāvaĺ khāyā. |
| 3. | शी हैज् इनफ् शुगर। | उसके पास पर्याप्त शक्कर है। |
| | She has enough sugar. | Uśke pās paryāpt́ shakkar hai. |
| 4. | ही डिड नॉट् ईट् एनि राइस्। | उसने एक चावल भी नहीं खाया। |
| | He did not eat any rice. | Usne eḱ chāvaĺ bhī nahiṅ khāyā. |
| 5. | यू हैव्ह् नो सेन्स्। | तुम्हें विचार (तक भी) नहीं है। |
| | You have no sense. | Tumheṅ vichār (taḱ bhī) nahīṅ hai. |

## संबंधकारक विशेषण : Possessive Adjectives

1. My brother is an engineer.
   माइ ब्रदर इज़ अन इंजिनिअर।
   मेरा भाई अभियंता है।
   Merā bhāi abhiyantā hai.
2. He has got his share.
   ही हैज़ गॉट हिज़ शेयर।
   उसे उसका हिस्सा मिल गया है।
   Usé uska hissā mil gayā hai.
3. The baby is crying for its mother.
   दि बेबी इज़ क्राइंग फॉर इट्स मदर।
   बच्चा अपनी माँ के लिए रो रहा है।
   Bachchā apnī māṅ ke liye ro raha hai.

4. Your book is on the table.
   योर बुक इज़ आन द टेबल।
   तुम्हारी किताब टेबुल पर है।
   Tumhāri kitāb tebul per hai.
5. She has got her reward.
   शी हैज़ गॉट हर रिवार्ड।
   उसे उसका पुरस्कार मिल गया।
   usé uska puraskār mil gayā.

## निर्देशवाचक विशेषण : Demonstrative Adjectives

| | | |
|---|---|---|
| 1. | दैट् ब्वॉय् इज् इंडस्ट्रिअस्। | वह लड़का परिश्रमी है। |
| | That boy is industrious. | Vah́ laṛh́kā parishramī hai. |
| 2. | दीज़् मैंगोज़् आ′ सावर्। | ये आम खट्टे हैं। |
| | These mangoes are sour. | Ye ām khaṭṭe haiṅ. |
| 3. | लुक् अॅट् दिस् फ्लावर्। | इस फूल की ओर देखो। |
| | Look at this flower. | Is phūĺ kī or′ dekho. |
| 4. | दोज़् रास्कल्स् मस्ट् बी पनिश्ड्। | उन दुष्टों को दण्डित करना चाहिए। |
| | Those rascals must be punished. | Un duṣṭoṅ ko daṇḍit́ karnā chāhiye. |
| 5. | यॉण्डर् फोर्ट वन्स् बिलॉंग्ड् टु शिवाजी। | एक समय सामने का किला शिवाजी की सम्पत्ति थी। |
| | Yonder fort once belonged to Shivaji. | Ek′ samay sāmane kā kilā Shivājī kī sampatti thī. |

## 3. विभेदात्मक अथवा संकेतात्मक विशेषण : Distinctive or Indicative Adjectives

विभेदात्मक अथवा संकेतात्मक विशेषण (Distinctive or Indicative Adjective) को Pronominal Adjective भी कहते हैं क्योंकि इनसे सर्वनाम (Pronoun) के भाव भी प्रकट होते हैं; जैसे–

(a) My mother is an old woman.
माई मदर इज़ अन ओल्ड वुमैन।
मेरी माँ एक बूढ़ी औरत है।
Merī mān eḱ buḍhī aurat́ hai.

(b) Each student has a pen.
इच स्टुडेंट हैज़ अ पेन।
प्रत्येक विद्यार्थी के पास एक पेन है।
Pratyeḱ vidyārṭhi ke pas ek pen hai.

## प्रश्नवाचक विशेषण : Interrogative Adjectives

1. व्हाट् मैनर् ऑफ मैन् इज़ ही? वह किस रीति का आदमी है?
What manner of man is he? Vaĥ kiś rīti kā ād́mī hai?

2. व्हिच् वे शल् वी गो? हम किस रास्ते जायें?
Which way shall we go? Ham kis rāste jāyeṅ?

3. व्हूज़् बुक इज़् दिस्? यह किसकी किताब है?
Whose book is this? Yaĥ kiśkī kitāb́ hai?

## दृढ़तावाचक विशेषण : Emphasising Adjectives

1. आइ सा इट् विद् माय् ओन् आइज़्। मैंने इसे अपनी आँखों से देखा।

| | | |
|---|---|---|
| | I saw it with my own eyes. | Maiṅ-ne ise apnī āṅkhoṅ se dekhā. |
| 2. | दैट् इज़् द वेरि थिंग वी वांट्। | यह वही वस्तु है जिसे हम चाहते हैं। |
| | That is the very thing we want. | Yaĥ vahī vaśtu hai jise haḿ chāĥte haiṅ. |
| 3. | माइंड् योर ओन् बिजनेस्। | अपने काम पर ध्यान दो। |
| | Mind your own business. | Apne kām par dhyān do. |
| 4. | ही इज़् हिज़ ओन् मास्टर। | वह स्वयं अपना मालिक है। |
| | He is his own master. | Vaĥ svayam apnā māliḱ hai. |

## तुलनात्मक विशेषण : Degrees of Comparison

जिस प्रकार हिन्दी में विशेषणों को 'तर' और 'तम' प्रत्यय लगाकर मूलावस्था से क्रमशः उत्तरावस्था और उत्तमावस्था में बदलते हैं, उसी प्रकार अंग्रेजी में विशेषणों में 'er' और 'est' लगाकर क्रमशः Positive (पोज़िटिव) Degree से Comparative (कम्पेरिटिव) Degree और Superlative (सुपरलेटिव) Degree में बदलते हैं।

| मूलावस्था (Positive Degree) | उत्तरावस्था (Comparative Degree) | उत्तमावस्था (Suparlative Degree) |
|---|---|---|
| लघु | लघुतर | लघुतम |
| small | smaller | smallest |
| प्रिय | प्रियतर | प्रियतम |
| dear | dearer | dearest |
| सरल | सरलतर | सरलतम |

| | | |
|---|---|---|
| easy | easier | easiest |
| महद् | महत्तर | महत्तम |
| great | greater | greatest |
| बृहद् | बृहत्तर | बृहत्तम |
| big | bigger | biggest |
| उच्च | उच्चतर | उच्चतम |
| noble | nobler | noblest |
| निम्न | निम्नतर | निम्नतम |
| low | lower | lowest |

### Irregular Comparison

निम्नलिखित adjectives की तुलना अनियमित रूप से होती है। इनके comparative और superlative डिग्रियों के रूप positive से नहीं बनते।

| **Positive** | **Comparative** | **Superlative** |
|---|---|---|
| good, well | better | best |
| bad, evil, ill | worse | worst |
| little | less, lesser | least |
| much | more | most (quantity) |
| many | more | most (number) |
| fore | former | foremost, first |

## सर्वनाम : Pronouns

संज्ञा के बदले आने वाले शब्द को सर्वनाम (Pronoun) कहते हैं। यह संज्ञा के दुबारा प्रयोग को रोकता है। इसका भी Number, Person और Gender वही होता है, जो संज्ञा (Noun) का होता है; जैसे–

Ritesh is a player. He is a student. He reads in D.A.V. Agra.

रितेश इज़ अ प्लेयर। ही इज़ अ स्टुडेंट। ही रीड्स इन डी.ए.वी. आगरा।

रितेश एक खिलाड़ी है। वह एक विद्यार्थी है। वह डी.ए.वी. आगरा में पढ़ता है।

Ritesh ek khilāri hai. Woh ek vidyārthī hai. Woh dī eī vī āgrā meiṅ paḍhtā hai.

उपर्युक्त वाक्यों में Ritesh (noun) के बदले He (Pronoun) का प्रयोग हुआ है क्योंकि बार-बार रितेश लिखने से वाक्य की सुंदरता नष्ट हो जाती है। इसलिए इस पुनरावृत्ति को रोकने के लिए वाक्य में सर्वनाम (Pronoun) He का प्रयोग हुआ है। इसके साथ ही He का Number, Person और Gender वही है जो रितेश का है।

## पुरुषवाचक सर्वनाम : Personal Pronouns

| | एकवचन | बहुवचन |
|---|---|---|
| प्रथम पुरुष | मैं = I (आय्) | हम = We (वी) |
| द्वितीय पुरुष | तू = You, Thou (यू, दाउ) | तुम, आप = You (यू) |
| तृतीय पुरुष | वह = He (ही) (पुं०) | |
| | वह = She (शी) (स्त्री) | वे = They (दे) |
| | वह = (इट्) (नपुं०) | |

1. कर्ताकारक में पुरुष, लिंग और वचन के अनुसार पुरुषवाचक सर्वनाम के रूप हैं।
2. प्रथम पुरुष और द्वितीय पुरुष के सर्वनामों में लिंग-भेद नहीं होता। एकमात्र तृतीय पुरुष सर्वनाम के एकवचन में लिंग-भेद होता है; जैसे– he ही (पुं०), she शी (स्त्री०) और it इट् (नपुं०)। तृतीय

पुरुष के सर्वनाम का बहुवचन तीनों लिंगों में एक समान होता है। जैसे– they दे = वे।

## निर्देशवाचक सर्वनाम : Demonstrative Pronouns

निर्देशवाचक सर्वनाम (Demonstrative Pronoun) वह है जो किसी पूर्व व्यवहृत संज्ञा का संकेत कराता है तथा उसके बदले में आया हो अर्थात् जिसके संबंध में कुछ कहा जाता है उसे दर्शाने या उसकी ओर संकेत करने वाले शब्द निर्देशवाचक सर्वनाम (Demonstrative Pronouns) कहलाते हैं।

| | |
|---|---|
| यह मेरी किताब है। | This is my book.<br>दिस् इज़् माई बुक्। |
| वह तुम्हारी किताब है। | That is your book.<br>दैट इज़् योर् बुक्। |
| ये मेरी कलमें हैं। | These are my pens.<br>दीज़् आ' माई पेन्स्। |
| वे तुम्हारी कलमें हैं। | Those are your pens.<br>दोज़् आ' योर् पेन्स्। |

इन वाक्यों में नीचे दिए गए शब्द निर्देशवाचक सर्वनाम (Demonstrative Pronouns) हैं :

| | | |
|---|---|---|
| This (दिस्) | = | यह |
| That (दैट्) | = | वह |
| These (दीज़्) | = | ये |
| Those (दोज़्) | = | वे |

वे Pronoun (सर्वनाम) जो प्रश्न पूछने के उद्देश्य से वाक्य में आते हैं उन्हें Interrogative Pronouns कहते हैं। अंग्रेजी में Interrogative Pronoun (इंटरॉगेटिव प्रोनॉउन्) प्रश्नवाचक सर्वनाम तीन हैं :–

| | | | |
|---|---|---|---|
| 1. | Who | व्हू | कौन, जो, किसने |
| | Whom | व्हूम | किसको, जिसको |
| | Whose | व्हूज | किसका/के/की, जिसका/के/की |
| 2. | Which | व्हिच् | जो, कौन–सा |
| 3. | What | व्हाट् | क्या |

ये सर्वनाम सामान्यत: वाक्य के आरम्भ में आते हैं :–

| | | |
|---|---|---|
| 1. | व्हू आ॑ यू?<br>Who are you? | आप कौन हैं?<br>Āp kaun haiṅ? |
| 2. | व्हूम डू यू वांट्?<br>Whom do you want? | आप किसको (मिलना) चाहते हैं?<br>Āp kiśko (milnā) chāhte haiṅ? |
| 3. | व्हूज़ बुक् इज़् दिस्?<br>Whose book is this? | यह किसकी पुस्तक है?<br>Yah kiśkī pustak hai? |
| 4. | व्हिच् इज़् यो॑र बुक्?<br>Which is your book? | कौन–सी पुस्तक तुम्हारी है?<br>Kaun-sī pustk tumhārī hai? |
| 5. | व्हाट् इज़् योर् नेम्?<br>What is your name? | आपका क्या नाम है?<br>Āpkā kyā nām hai? |

Who (Whom, Whose) का प्रयोग केवल मनुष्य के लिए होता है।

Which और What का प्रयोग (मनुष्येतर) प्राणियों और वस्तुओं दोनों के लिए होता है।

| | |
|---|---|
| What are you? | I am a doctor. (डॉक्टर) |
| What is he? | He is an engineer. (इंजीनियर) |
| What is this man? | This man is a farmer. (फार्मर-किसान) |

ऊपर के वाक्यों में What शब्द से व्यक्ति के व्यवसाय, धन्धा-कारोबार के सम्बन्ध में प्रश्न किया गया है।

## संबंधवाचक सर्वनाम : Relative Pronouns

संबंधवाचक सर्वनाम (Relative Pronouns) उसे कहते हैं जो पूर्व व्यवहृत संज्ञा या सर्वनाम से संबंध बताता है तथा ये दो संज्ञा या सर्वनाम को जोड़ता है।

Who (Whom और Whose) का प्रयोग मनुष्य से संबंध दिखाने में किया जाता है। Which का प्रयोग मनुष्येतर प्राणी और अन्य वस्तु के संबंध दिखाने में करते हैं। That का प्रयोग मनुष्य, अन्य प्राणी और वस्तु–सभी के संबंध दिखाने के लिए करते हैं। What केवल वस्तु के संबंध दिखाने में प्रयुक्त होता है। इनके उदाहरण निम्नलिखित हैं :-

| | | |
|---|---|---|
| 1. | दिस् इज् द ब्वॉय् व्हू हेल्प्ड् मी। | यह वही लड़का है **जिसने** मेरी मदद की। |
| | This is the boy **who** helped me. | Yah́ vahī laṛh́kā hai jiśne merī madad́ kī. |
| 2. | दिस् इज् द गर्ल् व्हूम् आय् हेल्प्ड्। | यह वही लड़की है **जिसकी** मैंने मदद की। |
| | This is the girl **whom** I helped. | Yah́ vahī laṛh́kī hai jiśkī maiṅe madad́ kī. |

3. दिस् इज़् द ब्वॉय् व्हूज़् हाउस इज़् न्यू।

यह वही लड़का है **जिसका** घर नया है।

This is the boy **whose** house is new.

Yah́ vah́ī laṛh́kā hai jiśkā ghar nayā hai.

4. दिस् इज़् द डाग व्हिच् आय् लाइक्।

यह वही कुत्ता है **जिसे** मैं पसंद करता हूँ।

This is the dog **which** I like.

Yah́ vahī kuttā hai jise maiṅ pasand́ kartā hūṅ.

5. दिस् इज् द बुक् **व्हिच्** आय् लाइक्।

यह वही पुस्तक है **जिसे** मैं पसंद करता हूँ।

This is the book **which** I like.

Yah́ vahī pustaḱ hai jise maiṅ pasand́ kartā hūṅ.

6. दिस् इज़् द बुक **दैट** वी लाइक्।

यह वही पुस्तक है **जो** हम चाहते हैं।

This is the book **that** we like.

Yah́ vahī pustaḱ hai jo ham chāh́te haiṅ.

7. दिस् इज़ द कैट् **दैट्** किल्ड् द माउस्।

यह **वही** बिल्ली है जिसने चूहे को मारा।

This is the cat **that** killed the mouse.

Yah́ vahī billī hai jiśne chūhe ko mārā.

8. दिस् इज़् द ब्वॉय **व्हू** प्लेज़ क्रिकेट।

यह **वही** लड़का है जो क्रिकेट खेलता है।

This is the boy **who** plays cricket.

Yah́ vahī laṛh́kā hai jo kricket̤ kheĺtā hai.

9. द डॉगस् **दैट्** बार्क डू नथिंग्।

जो कुत्ते भौंकते हैं, **वे** कुछ करते नहीं।

| | |
|---|---|
| The dogs **that** bark do nothing. | Jo kutte bhauṅḱte haiṅ **ve** kuchh́ karte nahīṅ. |
| 10. दिस इज **व्हाट्** आय थिंक्। | मैं जो सोचता हूँ **वह** ऐसा है। |
| This is **what** I think. | Maiṅ jo soch́tā hūṅ **vaḱ** aisā hai. |
| 11. आय् कॅननॉट हिअ **व्हॉट्** यू से। | तुम जो कहती हो **उसे** मैं सुन नहीं सकता। |
| I cannot hear **what** you say. | Tum jo kaḱtī ho **use** maiṅ sun nahiṅ saḱtā. |

अंग्रेजी में सामान्य सर्वनाम बहुत हैं। कुछ चुने हुए सर्वनामों के प्रयोग इस प्रकार हैं :-

| | |
|---|---|
| 1. ही हैज़् मेनी फ्रेण्ड्स्। | उसके **बहुत** मित्र हैं। |
| He has **many** friends. | Uske bahuť mitra haiṅ. |
| 2. देअ इज़् मच् वार्टर इन् द वेल्। | कुएं में **बहुत** पानी है। |
| There is **much** water in the well. | Kūeṅ meṅ bahuť pānī hai. |
| 3. ईदर् ऑफ् यू मस्ट् बी प्रेजेंट्। | तुम **दोनों में से एक** हाजिर रहना ही चाहिए। |
| **Either** of you must be present. | Tuḿ donoṅ meṅ se eḱ hājirñ raḱnā hī chāhiye. |
| 4. नीदर् ऑफ् यू इज़् इन्-व्हाइटेड्। | तुम **दोनों में से एक** भी निमंत्रित नहीं है। |
| **Neither** of you is invited. | Tum donoṅ meṅ se eḱ bhī nimantriť nahiṅ hai. |

| | |
|---|---|
| 5. ही हैज् फ्यू फ्रेण्ड्स्। | उसके मित्र लगभग नहीं ही हैं। |
| He has **few** friends. | Uśke mitra lagbhag nahiṅ hī haiṅ. |
| 6. ही हैज अ फ्यू फ्रैण्ड्स्। | उसके **कुछ थोड़े** मित्र हैं। |
| He has a **few** friends. | Uśke kuchh́ thoṛhe mitra haiṅ. |
| 7. वन मस्ट् डू वन्स् ड्यूटि। | **प्रत्येक** को **अपना** कर्त्तव्य अवश्य करना चाहिये। |
| One must do **one's** duty. | Pratyeḱ ko apnā kartavya avashya karnā chāhiye. |
| 8. नन वाज़् प्रेज़ेंट्। | **कोई** हाजिर नहीं था। |
| **None** was present. (एकवचन) | Ko-ī hājir nahiṅ thā. |
| 9. नन् इज़् हैप्पी। | (इस संसार में) **कोई** सुखी **नहीं** है। |
| **None** is happy. (बहुवचन) | (Is sansār meṅ) ko-ī sukhī nahīṅ hai. |
| 10. शी इज़् अलोन। | वह **अकेली** है। |
| She is **alone.** | Vaḣ akelī hai. |
| 11. माय् फ्रेण्ड् राम अलोन इज़् आनेस्ट्। | मेरा **एकमात्र** मित्र राम ईमानदार है। |
| My friend Ram **alone** is honest. | Merā eḱmātrñ mitrñ Rāḿ imāndār hai. |
| 12. दिस् इज़् माय् ऑनलि सन्। | यह मेरा **इकलौता** बेटा है। |
| This is my **only** son. | Yaḣ merā iḱlautā beṭā hai. |

| | |
|---|---|
| 13. दिस् वाज़् द॑ ऑनलि वे। | **यही** एक रास्ता था। |
| This was the **only** way. | Yahī eḱ rāstā thā. |
| 14. ही गेव् मी फाइव॑ रुपीज़् ऑन्लि। | उसने मुझे **केवल** पांच रुपये दिये। |
| He gave me five rupees **only**. | Usne mujhe kéval pāṅch rupye diye. |
| 15. ऑन्लि ही गेव्ह् मी फाइव॑ रुपीज़्। | **सिर्फ** उसने **( और किसी ने नहीं )** मुझे पाँच रुपये दिये। |
| **Only** he gave me five rupees. | Sirph́ uśne mujhe pāṅch́ rupye diye. |
| 16. ही ऑनलि गेव्ह् मी फाइव॑ रुपीज़्। | उसने मुझे **सिर्फ** पांच रुपये दिये (और कुछ नहीं दिया)। |
| He **only** gave me five rupees. | Uśne mujhe sirph́ pāṅch́ rupye diye. |
| 17. ही गेव्ह् मी ऑन्लि फाइव॑ रुपीज। | उसने **केवल** मुझे (और किसी को नहीं) पांच रुपये दिये। |
| He gave me **only** five rupees. | Usne kewal mujhe pāṅch́ rupye diye. |
| 18. द॑ चाइल्ड् वाज़् क्राइंग् ऑल् नाइट्। | बच्चा **रातभर** रोता रहा। |
| The child was crying **all night.** | Bachchā rātbhar rotā rahā. |
| 19. ऑल् आ॑ हैपि। | **सभी** सुखी हैं। |
| **All** are happy. | Sabhī sukhī haiṅ. |
| 20. ऑल् आ॑ गोइंग आउट्। | **सभी** बाहर जा रहे हैं। |
| **All** are going out. | Sabhī bāhar jā rahe haiṅ. |

| | | |
|---|---|---|
| 21. | सेव्हेरल् ब्वॉय्ज़् आ' अब्सेंट् टुडे। | आज **अनेक** लड़के ग़ैरहाजिर हैं। |
| | **Several** boys are absent today. | Āj́ aneḱ laṛh́ke gair hājir haiṅ. |
| 22. | ही रोट् सेव्हेरल् लेटर्स्, यस्टर्डे। | कल उसने **अनेक** पत्र लिखे। |
| | He wrote **several** letters yesterday. | Kal usne aneḱ patr likhe. |

**To have ( टु हैव्ह् ) = पास होना, ( स्वामित्व-भाव होना )**

To have (टु हैव्ह् )–इस सहायक क्रिया का अर्थ स्वामित्व-भाव दर्शाता है या कुछ पास में होना बतलाता है। यह इसके वर्तमान काल का रूप हैं :–

Have (हैव्ह् ) का एकवचन has (हैज़्) होता है।

| **एकवचन (Singular)** | **बहुवचन (Plural)** |
|---|---|
| मेरे पास है/हैं | हमारे पास है/हैं |
| I have (आई हैव्ह् ) | We have (वी हैव्ह् ) |
| तेरे पास है/हैं | उसके पास है/हैं |
| You have (यू हेव्ह् ) | He/She/It has (ही/शी/इट् हैज्) |
| तुम्हारे/आपके पास है/हैं | उनके पास है/हैं |
| You have (यू हैव्ह् ) | They have (दे हैव्ह् ) |

इस क्रिया के अनुवाद करने के प्रकार अधोलिखित हैं :–

| | | | |
|---|---|---|---|
| 1. | ही हैज़् अ पेन्। | He has a pen. | उसके पास कलम है। |
| | ही हैज़ पेन्स्। | He has pens. | उसके पास कलमें हैं। |

| | | | |
|---|---|---|---|
| 2. | यू हैव्ह् अ बुक्। | You have a book. | तुम्हारे पास किताब है। |
| | यू हैव्ह् बुक्स्। | You have books. | तुम्हारे पास किताबें हैं। |
| 3. | आय् हैव्ह् अ सन्। | I have a son. | मेरे एक लड़का है। |
| | आय् हैव्ह् टु सन्स्। | I have two sons. | मेरे दो लड़के हैं। |
| 4. | शी हैज़् थ्री सन्स्। | She has three sons. | उसके तीन लड़के हैं। |

किसी वस्तु का सदा समीप होने का भाव प्रकट हो तो 'है' की जगह 'होता है' का प्रयोग करना चाहिए। जैसे :-

Birds have wings. (बर्ड्स् हैव्ह् विंग्स) = पक्षियों के पंख होते हैं।
You have clean hands. (यू हैव्ह् क्लीन् हॅण्ड्स्) = तुम्हारे हाथ साफ हैं।

## Time and Tense : काल

क्रिया से किसी काम के होने का बोध होता है और कार्य समय से संबंधित होते हैं। समय वर्तमान (Present), भूत (Past) और भविष्य (Future), हो सकता है। कार्य के समय के अनुसार Verb के रूप में परिवर्तन होता है। जिसे काल कहते हैं।

अतः समय के अनुसार काल तीन प्रकार के होते हैं:– (1) वर्तमान काल (Present Tense), (2) भूतकाल (Past Tense), और (3) भविष्य काल (Future Tense)।

## 'To have' का भूतकाल (Past Tense)

भूतकाल में 'has' और 'have' का प्रयोग 'had' के रूप में किया जाता है। इसमें लिंग और वचन के अनुसार कोई परिवर्तन नहीं होता है। जैसे–

| | Singular | | Plural | |
|---|---|---|---|---|
| **प्रथम पुरुष** | आय् हैड् | I had. | वी हैड | We had. |
| **द्वितीय पुरुष** | दाउ हैड | Thou had. | यू हैड | You had. |
| **तृतीय पुरुष** | ही/शी/इट् हैड् | He/She/It had. | दे हैड | They had. |

| | | |
|---|---|---|
| यू हैड मेनि रिलेटिव्ह्स्। | You had many relatives. | आपके अनेक रिश्तेदार थे। |
| वी हैड् फेथफुल् सर्व्हेन्ट्। | We had faithful servant. | हमारे पास विश्वासपात्र नौकर था। |
| ही हैड माय् बुक्स। | He had my books. | उसके पास मेरी किताबें थीं। |
| इट् हैड् ब्युटिफुल् विंग्स्। | It had beautiful wings. | उसके सुन्दर पंख थे। |

| | | | |
|---|---|---|---|
| many | (मेनी) | = | अनेक |
| a relative | (रिलेटिव्ह) | = | रिश्तेदार |
| a servant | (सर्व्हेन्ट्) | = | नौकर |
| beautiful | (ब्युटिफुल्) | = | सुन्दर |
| faithful | (फेथ्फुल्) | = | विश्वासपात्र |
| a wing | (विंग्) | = | पंख |

## 'To be' का भूतकाल

भूतकाल में Helping verb (सहायक क्रिया) To be के दो रूप होते हैं। एकवचन में 'was' (वाज् = था, थी) और बहुवचन में 'were' (वेअ = थे, थीं)।

| | एकवचन (Singular) | | बहुवचन (Plural) | |
|---|---|---|---|---|
| **प्रथम पुरुष** | आय् वाज़्। | I was. | वी वेअ॑ | We were. |
| **द्वितीय पुरुष** | दाउ वाज़्। | Thou was. | यू वेअ॑ | You were. |
| **तृतीय पुरुष** | ही/शी/इट्/ वाज़्। | He/She/It was. | दे वेअ॑ | They were. |

To be को छोड़कर अन्य सभी क्रियाओं के रूप, चाहे वह सहायक क्रिया हो या मुख्य क्रिया, भूतकाल में एकवचन और बहुवचन दोनों वचनों में समान होते हैं।

## 'To do' का भूतकाल

| | एकवचन (Singular) | | बहुवचन (Plural) | |
|---|---|---|---|---|
| **प्रथम पुरुष** | मैंने किया। | I did. (डिड्) | हमने किया | We did. |
| **द्वितीय पुरुष** | तूने किया। | Thou didst (डिड्स्ट्). | तुमने/आपने किया | You did. |
| **तृतीय पुरुष** | उसने किया। | He/She/ (डिड्) It did. | उन्होंने किया | They did. |

नियमित क्रियाओं के सामान्य वर्तमान और सामान्य भूतकाल के नकारात्मक और प्रश्नार्थक वाक्य बनाने के लिए सहायक क्रिया 'to do' का प्रयोग करते हैं।

## सामान्य वर्तमानकाल व सामान्य भूतकाल

| | | |
|---|---|---|
| **नकारात्मक वाक्य** | वह काम नहीं करता है। | He does not work. |
| | उसने काम नहीं किया। | He did not work. |
| **प्रश्नार्थक वाक्य** | क्या वह काम करता है? | Does he work? |
| | क्या उसने काम किया? | Did he work? |

| | | |
|---|---|---|
| आय् वाज़् सिक् | I was sick. | मैं बीमार था। |
| दाओ वाज़् बिज़ि/यू वेअ॑ बिज़ी। | Thou was busy/You were busy. | तू व्यस्त था/तुम व्यस्त थे। |
| ही वाज़ केअरलेस्। | He was careless. | वह असावधान था। |
| यू वेअ॑ थर्स्टि। | You were thirsty. | तुम/आप प्यासे थे। |
| द॑ स्ट्रीट्स वेअ॑ डर्टि। | The streets were dirty. | गलियाँ गन्दी थीं। |
| वी वेअ॑ केअरफुल्। | We were careful. | हम सावधान थे। |

## भविष्यत् काल : Future Tense

क्रिया के पहले प्रथम पुरुष में 'shall' (शैल्) और द्वितीय तथा तृतीय पुरुष में 'will' (विल्) सहायक क्रिया रखने पर भविष्यत् काल के रूप बनते हैं; जैसे–

### 'To be' का भविष्यत् काल

| | एकवचन (Singular) | | बहुवचन (Plural) | |
|---|---|---|---|---|
| **प्रथम पुरुष** | मैं हूँगा। | I shall be. | हम होंगे। | We shall be. |
| **द्वितीय पुरुष** | तू होगा। | Thou/You will be. | तुम होंगे/ आप होंगे। | You will be. |
| **तृतीय पुरुष** | वह होगा/ होगी। | He/She/ It will be. | वे होंगे। | They will be. |

| | | |
|---|---|---|
| टुमॉरो विल् बी संडे। | Tomorrow will be Sunday. | कल रविवार होगा। |
| डे आफ्टर् टुमारो विल बी मंडे। | Day-after-tomorrow will be Monday. | परसों सोमवार होगा। |

| | | |
|---|---|---|
| आय् शल् बी थर्टि नेक्स्ट् बर्थ् डे। | I shall be thirty next birthday. | अगली सालगिरह पर मैं तीस साल का हो जाऊँगा। |
| दिस् विल् बी द' बुक्, यू वांट। | This will be the book, you want. | यह वह किताब होगी जिसे आप चाहते हैं। |

## 'To have' का भविष्यत् काल में प्रयोग

| | | |
|---|---|---|
| वी शैल् हैव्ह्' अ हॉलिडे टुमारो। | We shall have a holiday tomorrow. | कल हमें छुट्टी होगी। |
| दे विल् हैव्ह् देअर लंच नाउ। | They will have their lunch now. | वे अब अपना भोजन करेंगे। |
| यू विल हैव्ह्' प्रापर्टी | You will have property. | तुम्हें सम्पत्ति मिलेगी। |
| शी विल् हैव्ह् अ प्राइज़्। | She will have a prize. | उसे पुरस्कार मिलेगा। |
| ही विल् हैव्ह्' अ जर्नि। | He will have a journey. | उसे यात्रा करनी होगी। |

## 'To write' ( टु राइट्' = लिखना ) भविष्यत् काल

| | एकवचन (Singular) | बहुवचन (Plural) | |
|---|---|---|---|
| मैं लिखूंगा। | I shall write. | हम लिखेंगे। | We shall write. |
| तू लिखेगा | Thou will/You will write. | तुम लिखोगे/ आप लिखेंगे। | You will write. |
| वह लिखेगा/ लिखेगी। | He/She/It will write. | वे लिखेंगे। | They will write. |

| | | |
|---|---|---|
| आय् शैल् स्पीक् द ट्रुथ। | I shall speak the truth. | मैं सत्य बोलूंगा। |
| वी शैल् कॉल अवर् फ्रेंड्स्। | We shall call our friends. | हम अपने मित्रों को बुलायेंगे। |
| यू विल् स्पेंड् दैट् मनि। | You will spend that money. | तुम उन पैसों को खर्च करोगे। |
| शी विल् बी हैप्पी। | She will be happy. | वह सुखी होगी। |
| दे विल् कम् टुमॉरो। | They will come tomorrow. | वे कल आयेंगे। |

## आज्ञार्थक : Imperative

केवल Verb (धातु) से दोनों वचनों में आज्ञा का अर्थ होता है; जैसे– Write (राइट्) लिख्, लिखो, लिखें।

यहाँ द्वितीय पुरुष का अध्याहार है। यह समझ है कि यह द्वितीय पुरुष के लिए आदेश है।

यदि आज्ञा आवश्यक हो तो सहायक क्रिया 'do' लगाना चाहिए। इससे वाक्य में जोर का बोध होता है; जैसे–

Do write (डू राइट्) लिख, लिख; लिखो; लिखें लिखें; लिखो तो सही, लिखो तो देखें।

परन्तु निषेधात्मक में 'Do not write' (मत लिखो) में do आवश्यकता का बोध नहीं कराता।

'To be' और 'To have' के आज्ञार्थक रूप 'be' और 'have' होते हैं।

आज्ञार्थक के कुछ रूप हैं जो प्रथम पुरुष के बहुवचन और तृतीय पुरुष में होते है; जैसे–

| | |
|---|---|
| आओ हम लिखें। | Let us write. |
| उसे लिखने दो। | Let him (her, it) write. |
| उन्हें लिखने दें। | Let them write. |

प्रश्न रूपी वाक्य का कभी-कभी विनती या किसी को कुछ करने के लिए सभ्य रीति से कहने के लिए आज्ञार्थ की तरह नीचे लिखे वाक्य का प्रयोग करते हैं; जैसे–

(विल यू राइट?) Will you write? क्या तुम लिखोगे?/आप लिखेंगे क्या?

विन्रमता का भाव प्रकट करने के लिए 'please' अथवा 'if you please' शब्दों को जोड़ते हैं; जैसे–

| | | |
|---|---|---|
| 1. प्लीज हैंड मी दैट बुक। | Please hand me that book. | कृपया वह पुस्तक मुझे दें। |
| 2. ब्रिंग मी सम वाटर, इफ यू प्लीज्। | Bring me some water, if you please. | मुझे थोड़ा पानी ला दें। |
| 3. विल यू प्लीज गिव मी दैट बुक? | Will you please give me that book? | क्या आप कृपया, वह पुस्तक मुझे देंगे? |

| | | |
|---|---|---|
| 1. आनर दाई/योर मदर एण्ड फादर। | Honour thy/your mother and father. | अपने माता-पिता का आदर करें। |
| 2. लेट् देम् नाट शट द् शापस्, सो सून। | Let them not shut the shops, so soon. | वे दुकानें इतनी जल्दी बंद न करें। |
| 3. डू गिव सम ब्रेड टु दैट् पूअर मैन। | Do give some bread to that poor man. | उस गरीब आदमी को कुछ रोटी अवश्य दो। |

| | | |
|---|---|---|
| 4. डु नॉट बीहेव फुलिशली। | Do not behave foolishly. | मूर्खतापूर्ण व्यवहार न करें। |
| 5. लेट अस हेल्प आवर फ्रेंड्स्। | Let us help our friends. | आओ, अपने मित्रों की मदद करें। |

## क्रियार्थक-संज्ञा : Infinitive

क्रिया (धातु के पहले) 'to' (टु) उपसर्ग लगाने पर क्रियार्थक-संज्ञा (Infinitive इन्फिनिटिव्ह्) बनती है जो क्रिया के सामान्य अर्थ (धात्वर्थ) को बतलाती है। Infinitive (क्रियार्थक-संज्ञा) अन्य क्रियाओं की तरह पुरुष और वचन से सीमित नहीं होती; जैसे–

1. ही विशेज़ टु लर्न्। — वह सीखना चाहता है।
   He wishes to learn. — Vaḣ sīkḣnā chāḣtā hai.
2. इट् इज़् टाइम टु गो होम। — घर जाने का समय हो गया है।
   It is time to go home. — Ghar jāne kā samay ho gāyā hai.
3. व्हाट् इज़् टु बी डन् नाउ? — अब क्या किया जाये?
   What is to be done now? — Ab́ kyā kiyā jāye?
4. दंअ' इज़् नथिंग् टु ईट्। — खाने के लिए (को) कुछ नहीं है।
   There is nothing to eat. — Khāne ke li-e (ko) kuchḣ nahiṅ hai.
5. इट् इज़् नॉट प्रॉपर् फॉ'यू टु डू सो। — ऐसा करना तुम्हारे लिए उचित नहीं।
   It is not proper for you to do so. — Aeisā karnā tumhāre li-e uchit́ nahīṅ.

6. आय् नो नॉट् व्हाट् टु डू।

I know not what to do.

मुझे नहीं मालूम कि क्या करना चाहिए।

Mujhe nahīṅ mālūm ki kyā kaŕnā chāhiye.

7. टु ड्रिंक् वाइन् इज़् हार्मफुल्।

To drink wine is harmful.

शराब पीना हानिकारक है।

Sharāb pīnā hānikāraḱ hai.

8. टु ओबे आवर् पेरेंट्स् इज़् आवर् ड्यूटि।

To obey our parents is our duty.

अपने माता-पिता की आज्ञा का पालन करना हमारा कर्त्तव्य है।

Apne mātā-pitā kī āgyā kā pālan kaŕnā hamārā kart́avya hai.

9. टु टेल् अ लाई इज़् बैड्।

To tell a lie is bad.

झूठ बोलना बुरा है।

Jhūṭh́ bolnā burā hai.

10. टु प्लीज़् आल् इज़् इम्पॉसिबल्।

To please all is impossible.

सभी को खुश करना असंभव है।

Sabhī ko khush́ kaŕnā asambhav hai.

11. बर्ड्स लव् टु सिंग्।

Birds love to sing.

चिड़ियाँ गाना पसंद करती हैं।

Chiṛhiyān gānā pasand́ kaŕtī haiṅ.

12. टु फाइंड् फाल्ट् इज़् ईज़ि।

To find fault is easy.

गलती ढूँढ़ना आसान है।

Gaĺtī ḍhuṅḍhnā āsāń hai.

13. ही लाइक्स् टु प्ले कार्ड्स्।

He likes to play cards.

उसे ताश खेलना पसंद है।

Use tāsh́ kheĺnā pasand́ hai.

## कालवाचक धातुसाधक रूप: The Participle

क्रिया (धातु) को ing जोड़कर Present Participle (प्रेजेंट् पार्टिसिपल्′ – वर्तमानकाल वाचक धातुसाधित) और 'ed' जोड़कर Past Participle (पास्ट पार्टिसिपल्′ – भूतकालवाचक धातुसाधित) तथा Past Tense (पास्ट् टेन्स्′ – भूतकाल) के रूप बनाते हैं। ये दोनों पार्टिसिपल्′ —Present Participle और Past Participle—विशेषण और क्रिया का काम करते हैं। जैसे–

| | |
|---|---|
| **(प्रेजेन्ट पार्टिसिपल्′)** | इट् इज़् अ सिंगिंग् बर्ड्। |
| Present Participle | It is a singing bird. |
| **विशेषण** के रूप में | यह गाने वाली चिड़िया है। |
| | Yaĥ gāne vālī chiṛhiyā hai. |
| **(प्रेजेन्ट पार्टिसिपल्′)** | द′ लार्क् इज़् सिंगिंग्। |
| Present Participle | The lark is singing. |
| **क्रिया** के रूप में | भारद्वाज (लवा) पक्षी गा रहा है। |
| | Bhāradvāj (lavā) pakṣī gā rahā hai. |
| **(पास्ट् पार्टिसिपल्′)** | ओपन् द′ क्लोज़्ड् डो? |
| Past Participle | Open the closed door. |
| **विशेषण** के रूप में | बन्द दरवाजा खोलो। |
| | Band darvājā kholo. |
| **(पास्ट् पार्टिसिपल्′)** | ही हॅज़् लर्न्′ड् द′ लेसन्। |
| Past Participle | He has learned the lesson. |
| **क्रिया** के रूप में | उसने पाठ सीखा है। |
| | Uśne pāṭh sīkhā hai. |

| ( पास्ट टेन्स् ) | ही लर्न्'ड् द' लेसन्। |
|---|---|
| Past Tense | He learned the lesson. |
| भूतकाल | उसने पाठ सीखा। |
| | Uśne pāṭh́ sīkhā. |

Participles (धातुसाधित शब्द) क्रिया और विशेषण दोनों के काम करते हैं।

विशेषण के रूप में प्रयुक्त Present Participle का कर्तरि में और Past Participle का कर्मणि में अर्थ होता है।

साधारणतया Past Tense और Past Participle क्रिया (धातु) को 'ed' प्रत्यय लगाकर बनाते हैं। परंतु कुछ क्रियाएँ ऐसी हैं जिनके Past Tense और Past Participle इस नियम से नहीं बनते। उनका अपना भिन्न-भिन्न रूप होता है। परंतु ऐसी क्रियाएँ बहुत ही उपयोगी और आवश्यक हैं इसलिए उनके रूप नीचे दिये जाते हैं :

| क्रिया (Verb) | अर्थ (Meaning) | भूतकाल (Past Tense) | | भूतकालवाचक धातुसाधित (Past Participle) |
|---|---|---|---|---|
| (गो) To go | जाना | (वेंट्) went | गया | (गॉन्) gone |
| (सिट्) To sit | बैठना | (सिट्) sit | बैठा | (सिट्) sit |
| (रन्) To run | दौड़ना | (रैन) ran | दौड़ा | (रन्) run |
| (कम्) To come | आना | (केम्') came | आया | (कम्) come |
| (स्टैंड) To stand | खड़ा होना | (स्टुड्) stood | खड़ा हुआ | (स्टुड्) stood |
| (फॉल्) To fall | गिरना | (फेल्) fell | गिरा | (फालन्) fallen |
| (हिअर्) To hear | सुनना | (हर्ड्) heard | सुना | (हर्ड्) heard |
| (स्लीप) To sleep | सोना | (स्लेप्ट्) slept | सोया | (स्लेप्ट्) slept |

| | | | | | | | |
|---|---|---|---|---|---|---|---|
| (टीच्) | To teach | पढ़ना | (टाट्) | taught | पढ़ाया | (टाट्) | taught |
| (सिंग) | To sing | गाना | (सैंग) | sang | गाया | (संग्) | sung |
| (डिग्) | To dig | खोदना | (डग्) | dug | खोदा | (डग्) | dug |
| (स्पिट्) | To spit | थूकना | (स्पिट्) | spit | थूका | (स्पिट्) | spit |
| (सी) | To see | देखना | (सा) | saw | देखा | (सीन्) | seen |
| (टेक्) | To take | लेना | (टुक) | took | लिया | (टेकन्) | taken |
| (बाय्) | To buy | खरीदना | (बोट्) | bought | खरीदा | (बोट) | bought |
| (सेल्) | To sell | बेचना | (सोल्ड्) | sold | बेचा | (सोल्ड्) | sold |
| (फ्लाई) | To fly | उड़ना | (फ्ल्यू) | flew | उड़ा | (फ्लोन्) | flown |
| (फ्ली) | To flee | भागना | (फ्लेड्) | fled | भागा | (फ्लेड्) | fled |
| (रीड) | To read | पढ़ना | (रेड्) | read | पढ़ा | (रेड्) | read |
| (राइट्) | To write | लिखना | (रोट्) | wrote | लिखा | (रिटिन्) | written |
| (बीट्) | To beat | मारना | (बेट्) | beat | मारा | (बीटन्) | beaten |
| (डू) | To do | करना | (डिड्) | did | किया | (डन्) | done |
| (कैच्) | To catch | पकड़ना | (कोट्) | caught | पकड़ा | (कोट्) | caught |
| (स्विम्) | To swim | तैरना | (स्वैम्) | swam | तैरा | (स्वम्) | swum |
| (सिंक) | To sink | डूबना | (सैंक) | sank | डूबा | (संक) | sunk |
| (नील) | To kneel | घुटने टेकना | (नेल्ट्) | knelt | घुटने टेका | (नेल्ट्) | knelt |
| (शाइन) | To shine | चमकना | (शोन्) | shone | चमका | (शोन्) | shone |
| (थ्रो) | To throw | फेंकना | (थ्र्यू) | threw | फेंका | (थ्रोन्) | thrown |
| (ब्रिंग्) | To bring | लाना | (ब्रोट) | brought | लाया | (ब्रोट) | brought |
| (ड्रिंक) | To drink | पीना | (ड्रैंक्) | drank | पिया | (ड्रंक्) | drunk |
| (ग्रो) | To grow | बढ़ना | (ग्रीयू) | grew | बढ़ा | (ग्रोन) | grown |
| (शट्) | To shut | बंद करना | (शट्) | shut | बंद किया | (शट्) | shut |
| (फाइट्) | To fight | लड़ना | (फॉट्) | fought | लड़ा | (फॉट्) | fought |

| | | | | | |
|---|---|---|---|---|---|
| (लाइ) To lie | पड़ना | (ले) lay | पड़ा | (लेन्) lain | |
| (स्पीक) To speak | बोलना | (स्पोक्) spoke | बोला | (स्पोकन्) spoken | |
| (सेंड्) To send | भेजना | (सेंट्) sent | भेजा | (सेंट्) sent | |
| (लेंड्) To lend | उधार देना | (लेंट्) lent | उधार दिया | (लेंट्) lent | |
| (रेंट) To rent | किराए पर देना | (रेंटेड्) rented | | (रेंटेड्) rented | |
| (बिल्ड्) To build | निर्माण करना, बनाना | (बिल्ट्) built | निर्माण किया | (बिल्ट्) built | |
| (हाइड्) To hide | छिपना, छिपाना | (हिड्) hid | छिपाया | (हिडन्) hidden | |
| (नो) To know | जानना | (न्यू) knew | जाना | (नोन्) known | |
| (शो) To show | दिखाना, प्रदर्शित करना | (शोड्) showed | दिखाया | (शोन्) shown | |
| (बी) To be | होना | (वाज़्) was | था | (बीन्) been | |
| (इट्) To eat | खाना | (एट्) ate | खाया | (ईटन्) eaten | |
| (कट्) To cut | काटना | (कट्) cut | काटा | (कट्) cut | |
| (थिङ्क्) To think | सोचना | (थॉट्) thought | सोचा | (थॉट्) thought | |
| (हैव्ह्) To have | पास में होना, पास में रखना | (हॅड्) had | रखा | (हॅड्) had | |
| (मेक्) To make | बनाना | (मेड्) made | बनाया | (मेड्) made | |
| (स्वीप्) To sweep | बुहारना | (स्वेप्ट्) swept | बुहारा | (स्वेप्ट्) swept | |
| (स्पिन्) To spin | सूत कातना, घुमाना | (स्पन्) spun | घुमाया | (स्पन्) spun | |
| (ब्रेक्) To break | तोड़ना | (ब्रोक्) broke | तोड़ा | (ब्रोकन्) broken | |
| (बिकम्) To become | होना | (बिकेम्) became | | (बिकम्) become | |

| | | | | |
|---|---|---|---|---|
| (वीप्) To weep | रोना | (वेप्ट्) wept | रोया | (वेप्ट्) wept |
| (स्वीअ्र) To swear | शपथ लेना | (स्वोर्) swore | शपथ लिया | (स्वोन्) sworn |
| (स्पेंड्) To spend | खर्च करना | (स्पेंट्) spent | खर्च किया | (स्पेंट्) spent |
| (हर्ट्) To hurt | कष्ट देना | (हर्ट्) hurt | कष्ट दिया | (हर्ट्) hurt |
| (टेअर्) To tear | चीरना, फाड़ना | (टोर्) tore | फाड़ा | (टॉन्) torn |
| (ड्राइव्ह्) To drive | गाड़ी चलाना | (ड्रोव्ह्) drove | गाड़ी चलाया | (ड्रिव्ह्न्) driven |
| (क्रीप) To creep | रेंगना, सरकना | (क्रेप्ट्) crept | रेंगा, सरका | (क्रेप्ट्) crept |
| (ब्लो) To blow | फूँकना, उड़ना, बहाना | (ब्ल्यू) blew | फूंका | (ब्लॉन्) blown |
| (विन्) To win | जीतना | (वन्) won | जीता | (वन्) won |
| (लूज़्) To lose | गँवाना, खोना | (लॉस्ट्) lost | गंवाया | (लॉस्ट्) lost |
| (शेक) To shake | हिलना, हिलाना | (शुक) shook | हिला, हिलाया | (शेकन) shaken |
| (गेट्) To get | पाना | (गाट्) got | पाया | (गॉट) got |
| (फॉरगेट) To forget | भूल जाना | (फॉरगॉट्) forgot | भूला | (फॉरगॉटन्) for-gotten |
| (बर्न्) To burn | जलना, | (बर्न्ट्) burnt | जला | (बर्न्ट्) burnt |
| (राइज़्) To rise | उठना | (रोज़्) rose | उठा | (रिज़न) risen |

| | | | | | |
|---|---|---|---|---|---|
| (सेट्) To set | अस्त होना | (सेट्) set | अस्त हुआ | (सेट्) set |
| (से) To say | कहना | (सेड्) said | कहा | (सेड्) said |
| (टेल्) To tell | कहना | (टोल्ड्) told | कहा | (टोल्ड्) told |
| (गिव्ह्) To give | देना | (गेव्) gave | दिया | (गिव्हन्) given |
| (कॉस्ट) To cost | व्यय होना | (कॉस्ट्) cost | व्यय हुआ | (कॉस्ट) cost |
| (फारगिव्ह्) To forgive | क्षमा करना | (फार- गेव्ह) forgave | क्षमा किया | (फार- गिव्हन्) for-given |
| (बाइट्) To bite | दाँत से काटना, डंक मारना | (बिट्) bit | दाँत से काटा | (बिटन्) bitten |
| (फील्) To feel | अनुभव करना | (फेल्ट्) felt | अनुभव किया | (फेल्ट्) felt |
| (फाइंड) To find | पाना | (फाउण्ड) found | पाया | (फाउण्ड) found |
| (सो) To sow | बीज बोना | (सोड्) sowed | बोया | (सोन्) sown |
| (मो) To mow | हँसुए से घास काटना | (मोड्) mowed | घास काटा | (मोन्) mown |
| (पे) To pay | भुगतान करना | (पेड्) paid | भुगतान किया | (पेड्) paid |
| (सा) To saw | आरे से चीरना | (साड्) sawed | चीरा | (सान्) sawn |
| (पुट्) To put | रखना | (पुट्) put | रखा | (पुट्) put |
| (स्टील्) To steal | चुराना | (स्टोल्) stole | चुराया | (स्टोलन्) stolen |
| (वीव्ह्) To weave | बुनना | (वोव्ह॑) wove | बुना | (वोव्हन्) woven |

| | | | | | |
|---|---|---|---|---|---|
| (बाइंड) To bind | बाँधना, प्रतिज्ञा करना/ कराना। | (बाउंड) bound | बांधा | (बाउंड) bound |
| (रिंग्) To ring | घंटा बजाना, घंटा बजना | (रैंग्) rang | घंटा बजाया | (रंग्) rung |
| (राइड्) To ride | घोड़े पर बैठना | (रोड्) rode | चढ़ा | (रिड्न्) ridden |
| (स्पिल्) To spill | गिराना, बहाना | (स्पिल्ट्) spilt | गिराया | (स्पिल्ट्) spilt |
| (स्टिंग) To sting | डंक मारना | (स्टंग्) stung | डंक मारा | (स्टंग्) stung |
| (स्वेल) To swell | सूजना | (स्वेल्ड्) swelled | सूजा | (स्वोलन्) swollen |
| (वीअर) To wear | पहनना | (वोर्) wore | पहना | (वोर्न्) worn |
| (अराइज़) To arise | उठना | (अरोज़) arose | उठा | (अराइजन्) arisen |
| (अवेक्) To awake | जगाना, | (अवोक्) awoke | जागा | (अवोक्न) awoken |
| (बिअर्) To bear | सहन करना, उत्पन्न करना | (बोर्) bore | सहन/ उत्पन्न किया | (बॉर्न्) borne |
| (बिगिन) To begin | आरम्भ करना | (बिगैन्) began | आरंभ किया | (बिगन्) begun |
| (बिहोल्ड्) To behold | देखना | (बिहेल्ड्) beheld | देखा | (बिहेल्ड्) beheld |
| (बेंड्) To bend | झुकना, झुकाना | (बेंट्) bent | झुका | (बेंट्) bent |

| | | | | | | | |
|---|---|---|---|---|---|---|---|
| (बिसीच) | To beseech | प्रार्थना करना | (बिसॉट्) | besought | प्रार्थना की | (बिसॉट्) | besought |
| (चाइड्) | To chide | डाँटना, धमकाना | (चाइडेड्) | chided | धमकाया | (चाइडेड्) | chided |
| (चूज़) | To choose | चुनना | (चोज़्) | chose | चुना | (चोज़न्) | chosen |
| (क्लोद्) | To clothe | वस्त्र पहनना | (क्लोदेड्) | clothed | वस्त्र पहनाया | (क्लोदेड्) | clothed |
| (क्रो) | To crow | काँव-काँव करना, डींग मारना, | (क्रोड्) | crowed | काँव-काँव किया | (क्रोड्) | crowed |
| (ड्रा) | To draw | खींचना | (ड्र्यू) | drew | खींचा | (ड्रॉन्) | drawn |
| (ड्रीम) | To dream | स्वप्न देखना | (ड्रेम्ट्) | dreamt | स्वप्न देखा | (ड्रीम्ट्) | dreamt |
| (ड्वेल) | To dwell | निवास करना | (ड्वेल्ट्) | dwelt | निवास किया | (ड्वेल्ट) | dwelt |
| (फीड्) | To feed | खिलाना | (फेड्) | fed | खिलाया | (फेड्) | fed |
| (स्प्रेड्) | To spread | फैलाना | (स्प्रेड्) | spread | फैलाया | (स्प्रेड्) | spread |
| (फ्लिंग्) | To fling | फेंकना, झोंकना | (फ्लंग्) | flung | | (फ्लंग) | flung |
| (फारसेक) | To forsake | त्यागना | (फारसूक) | forsook | त्यागा | (फारसेकन्) | forsaken |
| (फ्रीज़) | To freeze | जमना, जमाना | (फ्रोज़) | froze | जमा | (फ्रोज़न) | frozen |
| (गिल्ड्) | To gild | मुलम्मा करना | (गिल्ट्) | gilt | मुलम्मा किया | (गिल्ट्) | gilt |
| (ग्राइंड) | To grind | पीसना, चोखा करना | (ग्राउंड) | ground | पीसा | (ग्राउंड) | ground |

| | | | | | | |
|---|---|---|---|---|---|---|
| (हैंग) | To hang | टांगना, फांसी देना | (हंग्) | hung | टाँगा | (हंग्) hung |
| (होल्ड) | To hold | पकड़ना | (हेल्ड्) | held | पकड़ा | (हेल्ड्) held |
| (कीप्) | To keep | रखना | (केप्ट्) | kept | रखा | (केप्ट्) kept |
| (लीड्) | To lead | नेतृत्व करना | (लेड्) | led | नेतृत्व किया | (लेड्) led |
| (लीव्ह्) | To leave | छोड़ना | (लेफ्ट्) | left | छोड़ा | (लेफ्ट्) left |
| (थ्रस्ट) | To thrust | फेंकना | (थ्रस्ट) | thrust | फेंका | (थ्रस्ट) thrust |
| (मीन्) | To mean | चाहना, मतलब रखना | (मेंट) | meant | चाहा | (मेंट) meant |
| (मीट्) | To meet | भेंट करना, मिलना | (मेट्) | met | भेंट किया, मिला | (मेट्) met |
| (सीक) | To seek | खोजना | (सॉट्) | sought | खोजा | (सॉट्) sought |
| (शिअर्) | To shear | रोआं काटना, झड़ना | (शिअर्ड) | sheared | रोआं काटा | (शोर्न्) shorn |
| (शूट्) | To shoot | गोली मारना | (शाट्) | shot | गोली मारी | (शाट्) shot |
| (रिंग) | To wring | ऐंठना, मोड़ना | (रंग्) | wrung | ऐंठा/मोड़ा | (रंग) wrung |
| (विंड, वाइंड्) | To wind | बहना, फूंकना | (वाउण्ड) | wound | फूंका | (वाउण्ड) wound |
| (शू) | To shoe | जूता पहनना, नाल ठोंकना | (शॉड्) | shod | जूता पहना, नाल ठोंका | (शॉड्) shod |

## अपूर्णकाल : The Continuous Tense

कार्य के संपन्न होते हुए काल (Continuous Tense) की क्रिया बनाने के लिए कर्ता के लिंग और वचन के अनुसार सहायक क्रिया 'to be' के कालसूचक आवश्यक रूप के बाद इच्छित धातु का Present Participle जोड़ते हैं। जैसे–

## अपूर्ण वर्तमानकाल : Present Continuous Tense

Subject : कर्ता–वर्तमानकाल सूचक सहायक क्रिया 'to be' के कर्ता के लिंग और वचन के अनुसार क्रिया (Verb) का Present Participle (वर्तमानकाल वाचक धातुसाधित) रूप लगाते हैं; जैसे–

root+ing

| | | |
|---|---|---|
| I | am | learn+ing |
| He/she/it | is | learn+ing |
| We/you/they | are | learn+ing |
| Thou | art | learn+ing |

1. आय् ॲम् राइटिंग अ लेटर्। — मैं पत्र लिख रहा हूँ।
   I am writing a letter. — Maiṅ patr likh rahā hūṅ.
2. द' डॉग्स् आर बार्किंग्। — कुत्ते भौंक रहे हैं।
   The dogs are barking. — Kutte bhāuṅk rahe haiṅ.
3. यू आर प्लेइंग् द' चेस्। — आप शतरंज खेल रहे हैं।
   You are playing the chess. — Āp Shatranj khel rahe haiṅ.
4. द' पीकॉक् इज़ डांसिंग। — मोर नाच रहा है।
   The peacock is dancing. — Mor nāch rahā hai.

5. दाउ आर्ट क्रीएटिंग द॑ यूनिव्हर्स॑। — तू विश्व की रचना कर रहा है।
Thou art/you are creating universe. — Tū vishv′ kī rachńā kaŕ rahā hai.

## अपूर्ण भूतकाल : Past Continuous Tense

| Subject कर्ता | भूतकालसूचक सहायक क्रिया 'to be' के कर्त्ता के लिंग और वचन के अनुसार रूप। | Present Participle (वर्तमानकाल वाचक धातुसाधित रूप) root+ing |
|---|---|---|

1. द॑ चिल्ड्रन वेअ॑ प्लेइंग्। — बच्चे खेल रहे थे।
The children were playing. — Bachche khel′ rahe the.

2. द॑ वुमन् वाज़् बाइंग् सोप्। — वह औरत साबुन खरीद रही थी।
The woman was buying soap. — Vaȟ auraṫ sābun kharīd rahī thī.

3. ही वाज़् सेलिंग हनि। — वह शहद बेच रहा था।
He was selling honey. — Vaȟ shahaḋ becȟ rahā thā.

4. आय् वाज़् टेस्टिंग् दिस फ्रूट। — मैं यह फल चख रहा था।
I was tasting this fruit. — Maiṅ yaȟ phaĺ chakȟ rahā thā.

5. यू वेअ॑ रीडिंग् अ बुक। — आप किताब पढ़ रहे थे।
You were reading a book. — Āp kitāḃ paṛhȟ rahe the.

## अपूर्ण भविष्यत् काल : Future Continuous Tense

| Subject<br>कर्ता | भविष्य काल सूचक<br>सहायक क्रिया 'to be' के<br>कर्ता के लिंग और वचन<br>के अनुसार रूप। | Present Participle<br>(वर्तमानकाल वाचक<br>धातुसाधित रूप) root+ing |
|---|---|---|

| | |
|---|---|
| 1. आय् शैल् बी राइटिंग् द' लेटर् व्हेन् यू कम्। | जब तुम आओगे तब मैं पत्र लिख रहा हूँगा। |
| I shall be writing the letter when you come. | Jab́ tum ā-oge tab́ maiṅ pátr likh́ rahā huṅgā. |
| 2. यू विल् बी टेकिंग् टिफिन् ऐट् टू ओ'क्लॉक्। | दो बजे आप उपाहार कर रहे होंगे। |
| You will be taking tiffin at two o'clock. | Do baje āp upāhār kar rahe hoṅge. |
| 3. वी शैल् बी एन्जाइंग् अवर्सेल्व्हस् इन् द' गार्डन्। | बगीचे में हम आनन्द ले रहे होंगे। |
| We shall be enjoying ourselves in the garden. | Bagīche meṅ ham ānand́ le rahe hoṅge. |
| 4. दे विल् बी गोइंग् जस्ट् ॲज़् वी कम। | हमारे आते-आते वे जा रहे होंगे। |
| They will be going just as we come. | Hamāre āte-āte ve jā rahe hoṅge. |
| 5. द' ब्वॉय् विल् बी गोइंग् टु स्कूल् व्हेन् मदर् कमस्। | मां के आने पर लड़का स्कूल जा रहा होगा। |
| The boy will be going to school when mother comes. | Māṅ ke āne par laṛh́kā skūĺ jā rahā hogā. |

## पूर्णकाल : The Perfect Tense

कार्य के आसन्न समाप्ति काल (Perfect Tense) की क्रिया बनाने के लिए कर्ता के लिंग और वचन के अनुसार सहायक क्रिया (धातु) 'to have' (पास में होना) के कालसूचक आवश्यक रूप के बाद इच्छित धातु का Past Participle जोड़ते हैं; जैसे–

### पूर्ण वर्तमानकाल : The Present Perfect Tense

| Subject<br>कर्ता | वर्तमानकाल सूचक सहायक क्रिया (धातु) 'to have' कर्ता के लिंग और वचन के अनुसार रूप। | Past Participle (भूतकालवाचक धातु-साधित) |
|---|---|---|

1. यू हैव्ह् फॉरगॉटन माय् अड्वाइस। — तुमने मेरी सलाह भुला दी है।
   You have forgotten my advice. — Tumne merī salāh́ bhulā dī hai.
2. द ओनर् हैज़् सोल्ड द हाउस्। — मालिक ने मकान बेच दिया है।
   The owner has sold the house. — Mālik′ ne makān bech́ diyā hai.
3. द बर्ड्स् हैव्ह् फ्लोन्। — पक्षी उड़ गये हैं।
   The birds have flown. — pakshī uṛh́ gaye haiṅ.
4. यू हैव गिव्हन् द फ्रूट। — तूने फल दिया है।
   You have given the fruit. — Tūne phaĺ diyā hai.
5. आय् हैव्ह् नॉट स्पेंट् अ रुपी। — मैंने एक रुपया (तक) खर्च नहीं किया है।

| | |
|---|---|
| I have not spent a rupee. | Maińne ek′ rup′ayā (tak′) kharch′ nahīṅ kiyā hai. |

## पूर्ण भूतकाल : The Past Perfect Tense

| Subject<br>कर्ता | भूतकाल सूचक सहायक क्रिया 'to have' के कर्ता के लिंग-वचन के अनुसार रूप। | Past Participle (भूतकालवाचक धातुसाधित रूप) |
|---|---|---|

| | |
|---|---|
| 1. वी हैड् टेकन् आवर् मील्स्। | हमने (अपना) भोजन कर लिया था। |
| We had taken our meals. | Hamne (apnā) bhojan karñ liyā thā. |
| 2. यू हैड् कम् होम् बिफोर् इट् रेन्ड्। | वर्षा होने से पहले आप घर आ गए थे। |
| You had come home before it rained. | Varṣā hone se pah′le āp′ ghar ā gaye the. |
| 3. आय् हैड् नॉट् रिसीव्ह्ड् एनि लेटर् फ्राम् यू। | मुझे आपसे कोई पत्र नहीं मिला था। |
| I had not received any letter from you. | Mujhe āpse ko-ī patr nahīṅ milā thā. |
| 4. द′ थीफ् हैड् रन् अवे बिफोर्′ वी अराइव्ह्ड्। | हमारे आने से पहले चोर भाग गया था। |
| The thief had run away before we arrived. | Hamāre āne se pah′le chor bhāg gayā thā. |
| 5. दे हैड् व्हैकेटड् द′ हाउस′ लांग अगो। | उन्होंने मकान् बहुत पहले खाली कर दिया था। |
| They had vacated the house long ago. | Unhoṅne makān bhut′ pah′le khālī kar diyā thā. |

## पूर्ण भविष्य काल : The Future Perfect Tense

| Subject<br>कर्ता | भविष्य काल सूचक सहायक क्रिया 'to have' के कर्ता के लिंग और वचन के अनुसार रूप। | Past Participle (भूतकालवाचक धातुसाधित रूप) |
|---|---|---|

1. आय् शल् हैव्ह् फिनिश्ड् माय् वर्क् बिफोर् यू कम्।
   I shall have finished my work before you come.
   तुम्हारे आने से पहले मैं अपना काम समाप्त कर चुका हूँगा।
   Tumhāre āne se pah′le maiṅ ap′nā kām′ samāpt′ kar chukā huṅgā.

2. यू विल् हैव्ह् रिटिन् द लेटर्।
   You will have written the letter.
   आप पत्र लिख चुके होंगे।
   Āp patr likh chuke hoṅgeṅ.

3. द′ फार्मरस् विल् हैव्ह् रीचड् देअ′ हाउसेस् बिफोर द′ सन् सेट्।
   The farmers will have reached their houses before the sun set.
   सूर्य अस्त होने से पहले किसान अपने-अपने घर पहुँच चुके होंगे।
   Sury′a ast′ hone se pah′le kisān apne-apne ghar pahuṅch chuke hoṅge.

4. ही विल् हैव्ह् टेंडर्ड हिज़ रेज़िग्नेशन् बिफोर द′ स्कूल रिओपन्।
   He will have tendered his resignation before the school reopen.
   स्कूल खुलने के पहले वह अपना त्यागपत्र दे चुका होगा।
   Skūl′ khul′ne ke pah′le vah′ apnā tyāgpatr de chukā hogā.

# चालू पूर्ण क्रियावाचक काल : Perfect Continuous Tense

Perfect Continuous Tense (चालू पूर्ण क्रियावाचक काल) की क्रिया बनाने के लिए कर्ता के लिंग-वचन के अनुसार सहायक क्रिया 'to have' के कालसूचक आवश्यक रूप (have, had, shall have) के बाद सहायक क्रिया 'to be' का Past Participle (भूतकालवाचक धातुसाधित रूप) 'been' रखकर इच्छित क्रिया का Present Participle (वर्तमानकाल वाचक धातुसाधित रूप) जोड़ते हैं; जैसे–

| कर्ता Subject | कालसूचक सहायक क्रिया 'to have' को कर्ता के लिंग और वचन के अनुसार रूप | सहायक क्रिया 'to be' का Past Participle (भूतकालवाचक धातुसाधित रूप) | इच्छित धातु (क्रिया) का Present Participle (वर्तमानकाल वाचक धातुसाधित रूप) |
|---|---|---|---|

(have, had, shall have, will have + been + क्रिया + ing)

## Present Perfect Continuous Tense

1. ही हैज़ बीन् स्लीपिंग् फार् थ्री आवर्स् ऐण्ड् इज़् स्टिल् स्लीपिंग। — वह तीन घंटे से सोता रहा है और अब भी सो रहा है।

   He has been sleeping for three hours and is still sleeping. — Vaḣ tīn ghaṇṭe se sotā rahā hai aur aḃ bhī so rahā hai.

2. दे हैव्ह् बीन् प्लेइंग् सिंस् फोर ओ क्लॉक्। — वे चार बजे से खेल (ते) रहे हैं।
They have been playing since four o'clock. — Ve chār baje se kheĺ (te) rahe haiṅ.

3. वी हैव्ह् बीन् लव्हिंग्। — हम प्यार करते रहे हैं।
We have been loving. — Ham pyār karte rahe haiṅ.

4. यू हैव्ह् बीन् राइटिंग् द लेटर्। — तुम पत्र लिखते रहे हो।
You have been writing the letter. — Tum paťr likh́te rahe ho.

## Past Perfect Continuous Tense

1. आय् हैड् बीन् राइटिंग् द लेटर् व्हेन् ही केम्। — वह आया तब (कुंछ समय पूर्व से) मैं पत्र लिख रहा था।
I had been writing the letter, when he came. — Vaĥ āyā tab́ (kuchĥ samay pūrv se) maiṅ paťr likh′ rahā thā.

2. व्हेन् यू केम् टु मी इन् 1985 आय् हैड् बीन् लिव्हिंग् इन् दिस् हाउस् फॉर सिक्स यीअर्स। — जब तुम 1985 में मेरे यहाँ आये उस समय इस मकान में मैं छः बरस से रह रहा था।
When you came to me in 1985 I had been living in this house for six years. — Jab́ tum 1985 meṅ mere yahāṅ āye, us samay is makan meṅ maiṅ chh-h baraś se raĥ rahā thā.

## Future Perfect Continuous Tense

| | |
|---|---|
| 1. बाय नेक्स्ट् जैन्युअरि, वी शैल हैव्ह् बीन् लिव्हिंग हिअर फॉर फोर यीअर्स। | आगामी जनवरी तक, हम यहाँ चार बरस से रह रहे होंगे। |
| By next January, we shall have been living here for four years. | Āgāmī Janvarī tak, ham yahāṅ chār baras se rah rahe hoṅge. |
| 2. दे विल् हैव्ह् बीन् लव्हिंग्। | वे प्रेम करते रहे होंगे। |
| They will have been loving. | Ve prem karte rahe hoṅge. |

# वाच्य : Voice

**कर्तृवाच्य (Active voice) :** जब किसी verb का subject स्वयं काम करता हो तो verb (Active voice) कर्तृवाच्य में होता है; जैसे–

| **वाच्य** | **कर्ता** | **क्रिया** | **कर्म** |
|---|---|---|---|
| कर्तृवाच्य (Active voice) | Rām | killed | the snake. |
| कर्मवाच्य (Passive voice) | The snake | was killed | by Ram. |

**कर्मवाच्य (Passive voice) :** यदि क्रिया का कर्त्ता स्वयं काम न करे बल्कि दूसरे के काम का फल दर्शाए तो वह क्रिया Passive Voice में होती है।

कर्तृवाच्य (Active Voice—ॲक्टिव्ह् व्हाइस्) का कर्ता 'by' (बाय्) preposition के साथ कर्मवाच्य (Passive Voice— पैसिव्ह् व्हाइस्) में आता है। 'by' के बाद जो शब्द होता है वह कर्मकारक

में होता है। जैसे–by him, by her, by them. इस प्रकार कर्तृवाच्य का कर्ता कर्मवाच्य में 'कर्म' होता है।

कर्तृवाच्य का कर्म कर्मवाच्य में 'कर्ता' के स्थान पर होता है।

कर्मवाच्य में सहायक क्रिया 'to be' का रूप कर्मवाच्य के कर्ता के अनुसार कालानुरूप होता है और बाद में मुख्य क्रिया का Past Participle (भूतकालवाचक धातुसाधित रूप) होता है। उसके बाद 'by' के साथ कर्म होता है। जैसे–

| | | |
|---|---|---|
| Active Voice | He teaches (टीचिज़) me. | वह मुझे पढ़ाता है। |
| Passive Voice | I am taught (टॉट) by him. | मैं उसके द्वारा पढ़ाया जाता हूँ। |
| Active Voice | He wrote (रोट्) a letter. | उसने एक पत्र लिखा। |
| Passive Voice | A letter was written (रिट्न) by him. | उसके द्वारा एक पत्र लिखा गया। |
| Active Voice | सीता सैंग द' सांग्। Sita sang the song. | सीता ने गीत गाया। Sītā ne gīt gāyā. |
| Passive Voice | द' सांग् वाज़् संग बाय् सीता। The song was sung by Sita. | सीता द्वारा गीत गाया गया। Sītā dwārā gīt gāyā gayā. |
| Active Voice | द' कैट् ब्रोक' द कप्। The cat broke the cup. | बिल्ली ने कप तोड़ दिया। Billī ne kap toṛh́ diyā. |
| Passive Voice | द' कप् वाज़् ब्रोकन् बाय् द' कैट्। | बिल्ली द्वारा कप तोड़ा गया। |

| | | |
|---|---|---|
| | The cup was broken by the cat. | Billī dwārā kap toṛhā gayā. |
| Active Voice | द बेबि ब्रोक् द डॉल्। The baby broke the doll. | बच्चे ने गुड़िया तोड़ दी। Bachche ne guṛhiyā toṛh́ dee. |
| Passive Voice | द डॉल वाज़ ब्रोकन् बाय दि बेबी। The doll was broken by the baby. | गुड़िया बच्चे द्वारा तोड़ दी गई। Guṛhiya bach-che dwārā toṛh di gayī. |

## धात्वर्थक संज्ञा : Gerund

धातु (क्रिया) को 'ing' (इंग्) प्रत्यय जोड़कर बनाया हुआ शब्द यदि विशेषण की तरह प्रयुक्त होता है तो उसे Present Participle (प्रेजेंट् पार्टिसिपल) कहते हैं और यदि वह संज्ञा की तरह प्रयोग में आता है तो उसे Gerund (जेरण्ड् = धात्वर्थक संज्ञा) कहते हैं; जैसे–

| | | |
|---|---|---|
| 1. | रनिंग् इज़् गुड् फॉ हैल्थ्। Running is good for health. | दौड़ना स्वास्थ्य के लिए अच्छा है। Dauṛh́nā svāsthy ke li-e achchhā hai. |
| 2. | डांसिंग् इज़् अ डिफिकल्ट् आर्ट। Dancing is a difficult art. | नाचना कठिन कला है। Nāch́nā kaṭhin kalā hai. |
| 3. | टीच मी स्विमिंग्। Teach me swimming. | मुझे तैरना सिखायें। Mujhe tairnā sikhāyeṅ. |
| 4. | स्टॉप् प्लेइंग्। Stop playing. | खेलना बन्द करो। Kheĺnā band́ karo. |
| 5. | सीइंग् इज़् बिलीव्हिंग्। Seeing is believing. | देखना विश्वास करना है। Dekh́nā vishvās karnā hai. |

6. ही इज़् फॉण्ड् ऑफ् रीडिंग् बुक्स्।

He is fond of reading books.

उसे पुस्तकें पढ़ने का शौक है।

Use pustakeṅ paṛhhne kā shauḱ hai.

7. गिव्हिंग् इज़् बेटर् दैन् रिसीव्हिंग्।

Giving is better than receiving.

लेने से देना अच्छा है।

Lene se denā achchhā hai.

8. स्मोकिंग् इज़ स्ट्रिक्ट्लि प्रोहिबिटेड्।

Smoking is strictly prohibited.

धूम्रपान करना सख्त मना है।

dhūmrapāń karnā sakht́ manā hai.

9. आय् डोंट् लाइक् स्लीपिंग् सो लाँग्।

I don't like sleeping so long.

इतनी देर तक सोना मुझे पसंद नहीं।

It́nī der taḱ sonā mujhe pasand́ nahiṅ.

10. ही इज़् फॉण्ड् ऑफ् प्लेइंग क्रिकेट।

He is fond of playing Cricket.

उसे क्रिकेट खेलने का शौक है।

Use kriket́ kheĺne kā shauḱ hai.

11. आय् ॲम् टायर्ड् ऑफ् वेटिंग्।

I am tired of waiting.

मैं इन्तज़ार करते थक गया हूँ।

Maiṅ int́zār karte thak gayā huṅ.

12. आय् लाइक् रीडिंग् स्टोरि।

I like reading story.

मुझे कहानी पढ़ना पसन्द है।

Mujhe kahānī paṛh́nā pasand́ hai.

13. वाकिंग् ऑन द ग्रास् इज़् फॉरबिडन्। — घास पर चलना मना है।

Walking on the grass is forbidden. — Ghās par chalnā manā hai.

## क्रिया-विशेषण : Adverb

क्रिया-विशेषण (Adverb) वह शब्द है जो संज्ञा (Noun) अथवा सर्वनाम (Pronoun) को छोड़कर सभी Parts of speech की विशेषता बताता है; जैसे–

1. My father is very glad with me.
   माई फादर इज़ वेरी ग्लैड विद् मी।
   मेरे पिता मुझ से बहुत खुश हैं।
   Mere pitā mujh se bahut khush hain.
2. The dog runs quickly.
   दि डॉग रन्स् क्वीकलि।
   कुत्ता तेज़ दौड़ता है।
   Kutta tez daurtā hai.
3. Abhinav writes quite clearly.
   अभिनव राइट्स क्वाइट क्लियरली।
   अभिनव बहुत साफ़ लिखता है।
   Abhinav bahut sāph likhtā hai.

**प्रश्नार्थक क्रिया विशेषण**

| | | | |
|---|---|---|---|
| व्हेन् | When | कब | kab |
| व्हेअ | Where | कहाँ | kahāṅ |
| व्हाय् | Why | क्यों | kyoṅ |

| | | | |
|---|---|---|---|
| हाउ | How | कैसे | kaise |
| व्हेन्स् | Whence | कहाँ से | kahāṅ se |

Q.1 व्हेन् डू यू गेट् अप्? — तुम कब उठते हो?
When do you get up? — Tum kab uṭhte ho?

A. आय् गेट् अप् ॲट् फाइव्ह् — मैं पाँच बजे उठता हूँ।
I get up at five. — Maiṅ pāṅch baje uṭhtā hūṅ.

Q.2 व्हाय् डू यू प्ले? — तुम क्यों (किसलिये) खेलते हो?
Why do you play? — Tum kyoṅ (kisliye) khelte ho?

A. बिकाज़् आय् लाइक टु प्ले। — कारण, मुझे खेलना पसन्द है।
Because I like to play. — Kāraṇ, mujhe khelnā pasand hai.

Q.3 व्हेअर् डू यू स्टे? — तुम कहाँ रहते हो?
Where do you stay? — Tum kahāṅ rahte ho?

A. आय् स्टे ॲट् द कॉर्नर्। — मैं नुक्कड़ पर रहता हूँ।
I stay at the corner. — Maiṅ nukkaṛh par rahtā hūṅ.

Q.4 हाउ डू यू रीड्? — तुम कैसे पढ़ते हो?
How do you read? — Tum kaise paṛhte ho?

A. आय् रीड् स्लोलि। — मैं धीरे-धीरे पढ़ता हूँ।
I read slowly. — Maiṅ dhīre-dhīre paṛhhtā hūṅ.

Q.5 व्हेन्स् डू यू कम्? — आप कहाँ से आते हैं?
Whence do you come? — Āp kahāṅ se āte haiṅ?

A. आय् कम् फ्रॉम् कोलकाता। — मैं कोलकाता से आ रहा हूँ।
I come from Kolkata. — Maiṅ Kolkātā se ā rahā hūṅ.

Q.6 व्हेन् डू यू स्टडि?
When do you study?

तुम कब पढ़ते हो?
Tum kab́ paṛhh́te ho?

A. आय् स्टडि अॅट् नाइट्।
I study at night.

मैं रात में पढ़ता हूँ।
Maiṅ rāt́ meṅ paṛhh́tā hūṅ.

Q.7 व्हेन् डू यू गो टु ऑफिस्?
When do you go to office?

आप कब ऑफिस जाते हैं?
Āp kab́ ăphis jāte haiṅ?

A. आय् गो टु ऑफिस् अॅट् टेन ओ'क्लॉक।
I go to office at ten O'clock.

मैं दस बजे आफिस जाता हूँ।
Maiṅ daś baje ăphis jātā hūṅ.

Q.8 हाउ आर यू टुडे?
How are you today?

आज आप कैसे हैं?
Āj́ āp kaise haiṅ?

A. आय् अॅम् वेल्।
I am well.

मैं अच्छा हूँ।
Maiṅ achchhā hūṅ.

Q.9 डू यू आलवेज़् गो होम् अॅट् नाइन ओ'क्लॉक्?
Do you always go home at 9 o'clock?

क्या तुम हमेशा नौ बजे घर जाते हो?
Kyā tum hameshā nau baje ghar jāte ho?

A. नो, टुडे देअ इज़् सम् वर्क् देअ।
No, today there is some work there.

नहीं, आज वहाँ कुछ काम है।
Nahīṅ, āj́ vahāṅ kuchh́ kām hai.

| | | |
|---|---|---|
| Q.10 | सिंस् व्हेन् आ' यू लिव्हिंग् हिअ'? | आप यहाँ कब से रहते हैं? |
| | Since when are you living here? | Āp' yahāṅ kab' se rah'te haiṅ? |
| A. | आय् ॲम् लिव्हिंग् हिअ' फॉर द' लास्ट् सेवन् डेज़्। | मैं सात दिन से यहाँ रहता हूँ। |
| | I am living here for the last seven days. | Maiṅ sāt' din' se yahāṅ rah'tā hūṅ. |
| Q.11 | हाउ मच् डज़् ही ईट्? | वह कितना खाता है? |
| | How much does he eat? | Vah' kit'nā khātā hai? |
| A. | ही ईट्स् मच्। | वह बहुत खाता है। |
| | He eats much. | Vah' bahut' khātā hai. |
| Q.12 | व्हाय् डू यू राइट् विद् अ पेंसिल्? | आप पेंसिल से क्यों लिखते हैं? |
| | Why do you write with a pencil? | Āp pensil' se kyoṅ likh'te haiṅ? |
| A. | इट इम्प्रूव्स माइ हैंडराइटिंग। | इससे हमारी लिखावट सुधरती है। |
| | It improves my handwriting. | Isse hamāri likhāwat sudhartī hai. |
| Q.13 | व्हेअ' डू यू गो टुडे? | आज तुम कहाँ जाते हो? |
| | Where do you go today? | Āj' tum kahāṅ jāte ho? |
| A. | आय् गो टु मुम्बई टुडे। | मैं आज मुंबई जाता हूँ। |
| | I go to Mumbai today. | Maiṅ āj' Mumbaī jātā hūṅ. |

| | | |
|---|---|---|
| Q.14 | व्हाय् डज़् ही कम् हिअ' एव्रि डे? | वह रोज़ यहाँ क्यों आता है? |
| | Why does he come here every day? | Vah' roz' yahāṅ kyoṅ ātā hai? |
| A. | ही डज़् नॉट् कम् एव्रिडे, ही कम्स् नाउ अॅण्ड् देन। | वह रोज़ नहीं आता, कभी-कभी ही आता है। |
| | He does not come every day, he comes now and then. | Vah' roj' nahīṅ ātā, kabhī-kabhī hī ātā hai. |

## संबंधबोधक : Preposition

वह शब्द जो किसी संज्ञा (Noun) या सर्वनाम (Pronoun) के पहले आकर उस Noun और Pronoun का सम्बन्ध किसी दूसरी वस्तु अथवा व्यक्ति से बतलायें तो उसे संबंधबोधक (Preposition) कहते हैं; जैसे–

1. There is a pen *in* my pocket.
   देअ' इज़ अ पेन इन माई पॉकेट।
   मेरी जेब में एक कलम है।
   Merī jeb meṅ ek' kalam hai.
2. The book is *on* the table.
   दि बुक इज़ ऑन द टेबल।
   किताब टेबुल पर है।
   Kitāb tebul par hai.
3. He lives *in* Mumbai.
   ही लिव्स इन मुम्बई।
   वह मुम्बई में रहता है।
   Woh Mumbai meiṅ rahatā hai.

| | | | |
|---|---|---|---|
| अॅट् | At | पर | Par |
| बाय् | By | से | Se |
| फॉर् | For | के लिए, के वास्ते | Ke li-e, ke vāste |
| फ्रॉम् | From | से | Se |
| इन् | In | में | Meṅ |
| ऑफ् | Of | का, के, की | Kā, ke, kī |
| ऑफ् | Off | दूर | Dūr |
| ऑन् | On | पर | Par |
| ऑउट् | Out | बाहर | Bāhar |
| थ्रू | Through | आर-पार, आदि से अंत तक | Ār-pār, ādi se ant́ taḱ |
| टिल | Till | तब तक | Tab́ taḱ |
| टु | To | को, तक | Ko, taḱ |
| अप् | Up | (के) ऊपर | Ke (Ūpar) |
| विद् | With | (के) साथ, से | (Ke) Sāth, se |
| इनटु | Into | में, अन्दर | Meṅ, andar |
| सिंस् | Since | से, (कब से, जब से) | Se (kab́ se, jab́ se) |
| अबॉव्ह् | Above | (के) ऊपर | (Ke) Ūpar |
| बिलो | Below | (के) नीचे | (Ke) Nīche |
| आफ्टर् | After | (के) बाद | (Ke) Bād́ |
| बिफोर् | Before | (के) पहले | (Ke) Pah́le |
| ओव्ह् | Over | (के) ऊपर | (Ke) Ūpar |
| अबॉउट् | About | (के) विषय में<br>(के) बारे में | (Ke) Viṣay meṅ<br>(Ke) Bāre meṅ |
| विदाउट् | Without | (के) बिना | (Ke) Binā |
| बियॉण्ड | Beyond | (के) उस पार | (Ke) Us pār |
| अक्रास | Across | (के) पार | (Ke) Pār |
| बिसाइड् 'स् | Besides | (के) अलावा | (Ke) Alāvā |

| | | | |
|---|---|---|---|
| अलाँग् | Along | (के) साथ-साथ | (Ke) Sāth́-sāth́ |
| अमंग् | Among | (के) बीच में | (Ke) Bīch′ meṅ |
| एक्सेप्ट् | Except | (के) सिवाय | (Ke) Sivāye |
| बिहाइण्ड् | Behind | (के) पीछे | (Ke) Pītchhe |
| ऑउट्साइड् | Outside | (के) बाहर् | (Ke) Bāhar |
| इन्साइड् | Inside | (के) अंदर | (Ke) Andar |

1. द ट्रेन् स्टॉप्स् अॅट् आगरा। — गाड़ी आगरा (स्टेशन पर) रुकती है।
   The train stops at Agra. — Gāṛhī Āgrā (steshan par) ruḱtī hai.

2. आय् सा हिम् अॅट् द गेट्। — मैंने उसे फाटक पर देखा।
   I saw him at the gate. — Maiṅne use phāṭaḱ par dekhā.

3. शी लुक्स् अॅट् द मून। — वह चाँद को (की ओर) देखती है।
   She looks at the moon. — Vaĥ chāṅd́ ko (kī or) dekĥtī hai.

4. दे वेंट् टु वाराणसी। — वे वाराणसी गये।
   They went to Varanasi. — Ve Vārāṇasī gaye.

5. शी केम् टु मी। — वह मेरे पास आयी।
   She came to me. — Vaĥ mere pās āyī.

6. द मंकि इज़् ऑन् द ट्री। — बंदर पेड़ पर है।
   The monkey is on the tree. — Bandar peṛĥ par hai.

7. द मैप् इज़् ऑन् द वाल्। — नक्शा दीवार पर (टँगा) है।
   The map is on the wall. — Nakshā dīvār par (taṅgā) hai.

8. ही इज़ इन् द रूम्। — वह कमरे में है।
   He is in the room. — Vah′ kamre meṅ hai.

| | |
|---|---|
| 9. आय् शैल् रिटर्न् इन् अॅन् आवर। | मैं एक घंटे में लौटूँगा। |
| I shall return in an hour. | Maiṅ ek ghaṇte meṅ lauṭūṅgā. |
| 10. ही क्लाइम्ड् अप् द लैडर्। | वह सीढ़ी पर चढ़ा। |
| He climbed up the ladder. | Vah sīṛhhī par chaṛhhā. |
| 11. शी इज़् अॅट् द टॉप् ऑफ क्लास्। | वह दर्जे में ऊपर (चोटी पर) प्रथम है। |
| She is at the top of class. | Vah darje meṅ ūpar (choṭī par) pratham hai. |
| 12. द थीफ् जम्प्ड् ऑफ द ट्रेन्। | चोर गाड़ी से कूद पड़ा। |
| The thief jumped off the train. | Chor gāṛhī se kūd paṛhā. |
| 13. दिस् इज़् द रिम्यूनरेशन आफ् योर वर्क्। | यह आपके काम का फल है। |
| This is the remuneration of your work. | Yah āpke kām kā phal hai. |
| 14. ही इज़् फॉण्ड् ऑफ कॉफी। | वह कॉफी का शौकीन है। |
| He is fond of coffee. | Vah kāphī kā shaukīn hai. |
| 15. कोलकाता इज़् फॉ फ्रॉम् डेल्हि। | कोलकाता दिल्ली से दूर है। |
| Kolkata is far from Delhi. | Kolkātā Dillī se dūr hai. |
| 16. शी ब्रिंग्स् फ्लॉवर्स् फ्रॉम् द गार्डन्। | वह बाग से फूल लाती है। |
| She brings flowers from the garden. | Vah bāg se phūl lātī hai. |

| | |
|---|---|
| 17. ही वेंट् डेल्हि बाय् प्लेन्। | वह दिल्ली हवाई जहाज़ से गया। |
| He went Delhi by plane. | Vaĥ Dillī havā-ī jahāź se gayā. |
| 18. शी मैरीड् फॉ′ मनि। | उसने पैसे के लिए शादी की। |
| She married for money. | Usne paise ke li-e shādī kī. |
| 19. आय् बॉट् द′ बुक् फॉ′ रानी। | मैंने रानी के लिए पुस्तक खरीदी। |
| I bought the book for Rani. | Maiṅne Rānī ke li-e pusťak kharīdī. |
| 20. आय् बॉट् द बुक् फॉ′ थ्री रुपीज़्। | मैंने तीन रुपये में पुस्तक खरीदी। |
| I bought the book for three rupees. | Maiṅne tīn rup′ye meṅ pustak′ kharīdī. |
| 21. ही हैड बीन् इल् फॉ′ फाइव्ह′ डेज़्। | वह पांच दिन से बीमार था। |
| He had been ill for five days. | Vaĥ pāṅch′ dīn′ se bīmār thā. |
| 22. द′ लेटर् इज़् रिटन् बाय् राम′। | चिट्ठी राम द्वारा लिखी गयी है। |
| The letter is written by Ram. | Chṭ-ṭhī Rām dwārā likhī gayī gai. |
| 23. फिश् कैनॉट् लिव्ह′ आॅउट् ऑफ् वाटर्। | मछली पानी के बाहर नहीं जीती। |
| Fish cannot live out of water. | Machĥlī pānī ke bāhar nahīṅ jītī. |
| 24. ही वाक्′ड् आउट् ऑफ् दी शॉप्। | वह दुकान के बाहर चल दिया। |

| | |
|---|---|
| He walked out of the shop. — | Vaḣ dukān ke bāhar chaḷ diyā. |
| 25. मि. प्रसाद इज़् आँउट् ऑफ् द टाउन्। | श्री प्रसाद शहर के बाहर गए हैं। |
| Mr. Prasad is out of the town. | Shrī Prasāḋ shahar ke bāhar gaye haiṅ. |
| 26. आय् राइट् विद अ पेन्। | मैं कलम से लिखता हूँ। |
| I write with a pen. | Maiṅ kalam se likḣtā hūṅ. |
| 27. शी विल् कम् विद् हर मदर्। | वह अपनी माँ के साथ आयेगी। |
| She will come with her mother. | Vaḣ apnī māṅ ke sāth āyegī. |
| 28. ही कट् हिमसेल्फ् विद् अ नाइफ्। | उसने चाकू से खुद को काट लिया। |
| He cut himself with a knife. | Uśne chākū se khuḋ ko kāṫ liyā. |
| 29. आय् स्लेप्ट् टिल् सेवन ओ'क्लॉक। | मैं सात बजे तक सोया। |
| I slept till 7 o'clock. | Maiṅ sāt baje taḱ soyā. |
| 30. आय् हैव्ह् रेड् द बुक थ्रू। | मैंने किताब शुरू से आखिर तक पढ़ी है। |
| I have read the book through. | Maiṅne kitāḃ shurū se ākhir taḱ paṛhhī hai. |
| 31. इट् लास्टेड थ्रू द नाइट। | वह रातभर चली (रही)। |
| It lasted through the night. | Vaḣ rāṫ bhar chalī (rahī). |

32. आय् गॉट् इनटू द बस्। — मैं बस में चढ़ा।

I got into the bus. — Maiṅ bas meṅ chaṛhhā.

33. दिस् इज़् राम'स् हाउॅस्। — यह राम का घर है।

This is Ram's house. — Yah Rām kā ghar hai.

34. आय् डोंट् नो मच् अबॉउट् यू। — मैं आपके बारे में बहुत नहीं जानता।

I don't know much about you. — Maiṅ āpke bāre meṅ bahut nahiṅ jānatā.

35. द वेट् इज़् अबॉव्ह् अ किलो। — वज़न एक किलो से अधिक है।

The weight is above a kilo. — Vazan ek kilo se adhik hai.

36. द क्लाउड्स् आ ओव्हर् आवर् हेड्स्। — हमारे सिर के ऊपर बादल हैं।

The clouds are over our heads. — Hamāre sir ke ūpar bādal haiṅ.

37. वाक् बिहाइण्ड् मी। — मेरे पीछे चलो।

Walk behind me. — Mere pīchhe chalo.

38. आय् गॉट् अप् बिफोर् सन् राइज्। — मैं सूर्योदय के पहले उठा।

I got up before sun rise. — Maiṅ sūryoday ke pahle uṭhā.

39. द सोल्जर्स् मार्च्ड अलॉंग द रिव्हर्। — सैनिक नदी के बराबर में गये।

The soldiers marched along the river. — Sainik nadī ke brābar meiṅ gaye.

| | |
|---|---|
| 40. बिसाइड्'स द' गेन्, ही गॉट् द' ऑनर्। | लाभ के अलावा उसे सम्मान भी मिला। |
| Besides the gain, he got the honour. | Lābh́ ke alāvā use sammān bhī milā. |
| 41. सिट् डॉउन् बिसाइड् मी। | मेरे पास बैठो। |
| Sit down beside me. | Mere pās baiṭho. |
| 42. आय् सा अ टायगर् बियॉण्ड् द' रिव्हर्। | मैंने नदी के उस पार एक बाघ देखा। |
| I saw a tiger beyond the river. | Maine nadī ke us pār eḱ bāgh́ dekhā. |
| 43. व्हाय् डू यू सिट् अंडर् द' ट्री? | आप पेड़ के नीचे क्यों बैठते हैं? |
| Why do you sit under the tree? | Āṕ peṛh́ ke nīche kyoṅ baiṭhe haiṅ? |
| 44. व्हाट् आ' दे' डूइंग् इन्साइड् द' रूम्? | वे कमरे के अन्दर क्या कर रहे हैं? |
| What are they doing inside the room? | Ve kaḿre ke andar kyā kar rahé haiṅ? |
| 45. नोबॉडि कैन् गेट् ऑन विदाउट् मनि। | पैसे के बिना किसी का काम नहीं चलता। |
| Nobody can get on without money. | Paise ke binā kisī kā kām nahiṅ chaĺtā. |
| 46. कम् आफ्टर् नाइन ओ'क्लॉक्। | नौ बजे के बाद आओ। |
| Come after nine o'clock. | Nau baje ke bād́ ā-o. |
| 47. देअ' इज़् अ गार्डन निअर् द' हॉउस्। | घर के पास एक बाग है। |

| | |
|---|---|
| There is a garden near the house. | Ghar ke pās eḱ bāg hai. |

48. दिस् इज् अगेंस्ट् द' ला। — यह कानून के खिलाफ़ है।

| | |
|---|---|
| This is against the law. | Yah́ kānūn ke khilāph́ hai. |

49. ऑल वेअ' प्रेजेण्ट् एक्सेप्ट् राम। — राम के सिवा सभी हाज़िर थे।

| | |
|---|---|
| All were present except Ram. | Rāḿ ke sivā sabhī hāzir the. |

## समुच्चयबोधक : Conjunction

ऐसे शब्द जो दो शब्दों या दो वाक्यों को जोड़ते हैं, उन्हें समुच्चयबोधक (Conjunction) कहते हैं; जैसे–

1. Amit *and* Sumit are brothers.
   अमित एण्ड सुमित आ' ब्रदरस।
   अमित और सुमित भाई हैं।
   Amit aur Sumit bhai hai.
2. Work hard *or* you will fail.
   वर्क हार्ड औ' यु विल फेल।
   कठिन परिश्रम करो वर्ना फेल कर जाओगे।
   Kaṭhin parisharaḿ karo varnā phél kar jayoge.

| | | | |
|---|---|---|---|
| अैण्ड् | And | और | Aur |
| बट् | But | परन्तु, मगर | Paranṭu, magar |
| इफ् | If | यदि, अगर | Yadi, agar |
| बिकाज़' | Because | क्योंकि | Kayoṅki |
| लेस्ट्' | Lest | नहीं तो, अन्यथा | Nahiṅ to, anyathā |

| | | | |
|---|---|---|---|
| औ | Or | या, अथवा | Yā, ath′vā |
| दैट् | That | कि, क्योंकि | Ki, kyoṅki |
| दैन् | Than | से, अपेक्षा से अधिक | Se, apeksā se adhik′ |
| सिंस | Since | से, जब से, बाद में | Se, jab′se, bād meṅ |
| टिल् | Till | तब, जब तक | Tak′, jab′ tak′ |
| बिफोर् | Before | जब तक | Jab′ tak′ |
| अन्टिल् | Until | तब, जब तक | Tak′, jab′ tak′ |
| आफ्टर् | After | बाद में | Bād meṅ |
| ऑल्दो | Although | यद्यपि, मानो | Yadyapi, māno |

1. आय् शैल् स्टे हिअ′ टिल् यू रिटर्न।
   I shall stay here till you return.

   आपके आने तक मैं यहाँ ठहरूँगा।
   Āpke āne tak′ maiṅ yahāṅ ṭhaharūṅgā.

2. मिल्क् ऑण्ड् ब्रेड इज़् वहोल′सम् फूड।
   Milk and bread is wholesome food.

   दूध और रोटी स्वास्थ्यकर आहार है।
   Dūdh′ aur roṭī svāsthy′kar āhār hai.

3. दे डिड् नॉट् कम् बिकाज् यू डिड् नॉट कॉल।
   They did not come because you did not call.

   वे नहीं आये क्योंकि आपने उन्हें बुलाया नहीं।
   Ve nahiṅ āye, kyoṅki āpne unheṅ bulāyā nahīṅ.

4. कैच् हिम् इफ यू कैन्।

   यदि आप पकड़ सकते हैं तो उसे पकड़िये।

| | |
|---|---|
| Catch him if you can. | Yadi āp pakaṛh́ saḱte haiṅ to use pakaṛhiye. |
| 5. दे वेटेड् टिल् द' ट्रेन् अराइव्हड्। | ट्रेन आने तक उन्होंने इन्तज़ार किया। |
| They waited till the train arrived. | Tren āne tak uṅhone iń́zār kiyā. |
| 6. अ बुक् इज़् अ' बुक ऑलदो देअ' इज़् नथिंग इंफार्मेटिव इन इट। | किताब तो किताब ही है यद्यपि उसमें कुछ भी सूचनाप्रद नहीं है। |
| A book is a book although there is nothing informative in it. | Kitāb́ to kitāb́ hai, ydyapi us meṅ kuchh́ bhī sūchnāpard nahīṅ hai. |
| 7. वी ईट दैट् वी मे लिव्ह्। | हम (इसलिए) खाते हैं कि हम जी सकें। |
| We eat that we may live. | Hum (isliye) khate haiṅ ki hum jī skeṅ. |
| 8. इज़् दैट् स्टोरि ट्रू ऑ' फाल्स्? | वह कहानी सच्ची है या झूठी? |
| Is that story true or false? | Vah́ kahānī sachchī hai ya jhuṭhī ? |
| 9. ही इज़् पुअर, बट् ऑनेस्ट्। | वह गरीब है, मगर है ईमानदार। |
| He is poor, but honest. | Vah́ garīb́ hai, magar hai īmāńdār. |

## विस्मयादिबोधक : Interjection

अंग्रेजी में भी विस्मयादिबोधक (Interjection) शब्द हैं जो आनन्द, दु:ख, आश्चर्य, स्वीकृति आदि हृदय के उद्गार अभिव्यक्त करते हैं; जैसे –

| | |
|---|---|
| 1. हश! डोंट् मेक् अ नोइज़। Hush! Don't make a noise. | चुप! आवाज़ मत करो। Chup! Āvāź maṫ karo. |
| 2. अलॉस! शी इज़ डेड्! Alas! she is dead! | अरे! वह मर गयी! Are! Vaḣ mar gayī! |
| 3. आह! हैव्ह् दे गॉन्? Oh! Have they gone? | ओह! क्या वे चले गये? Āh! Kyā ve chale gaye? |
| 4. हेलो! व्हाट् आर यू डूइंग देअ? Hello! What are you doing there? | अजी! तुम वहाँ क्या कर रहे हो? Ajī! Tum vahāṅ kyā kar rahe ho? |
| 5. ओह! आय् गॉट् सच् अ फ्राइट्। Oh! I got such a fright. | ओह! मैं तो बहुत डर गया। Oh! Maiṅ to bahuṫ ḍar gayā. |
| 6. हुर्रा! वी हैव्ह वन् द गेम्। Hurrah! We have won the game. | वाह वाह! हमने खेल जीत लिया। Vāḣ vāḣ! Hamne kheĺ jīṫ liyā. |
| 7. फाइ फाइ! इज़् दैट् द वे टु बिहेव्ह? Fie fie! Is that the way to behave? | छि: छि:! ऐसा व्यवहार करता है? Chhih, Chhih! aisā vyavhār kartā hai? |
| 8. हेलो! कम् हिअ्। Hello! Come here. | ओ! यहाँ आओ। O! yahāṅ ā-o. |
| 9. गुड् हेव्हनस्! इज़् दैट् सो? Good Heavens! is that so? | बाप रे! ऐसा क्या? Bāp re! aisā kyā? |

10. हेलो! हाउ आर यू?
Hello! How are you?

अजी! कहो, कैसे हो?
Ajī! kaho, kaise ho?

11. वेल् डन्! माय् फ्रेण्ड्।
Well done! My friend.

शाबाश! मेरे दोस्त।
Shābāsh́! Mere dośt.

12. ओह! व्हॉट् अ फाइन् पिक्चर्!
Oh! What a fine picture!

ओह! कितना सुन्दर चित्र है!
Oh! kit́nā sundar chit́r hai!

13. ओह! लव्हलि!
Oh! Lovely!

ओह! मनोरम!
Oh! Manoram!

14. व्हाट् अ पिटि!
What a pity!

कितनी करुणा!
Kit́nī karunā!

15. व्हाट् एक्ससेलेंट्!
What excellent!

क्या खूब!
Kyā khūb!

# 4

# बातचीत के विषय
# Topics of Conversation

## AT A GLANCE

| | | |
|---|---|---|
| सामाजिक शिष्टाचार | : | Etiquette |
| सामान्य | : | General |
| आज्ञार्थक वाक्य | : | Imperative Sentences |
| प्रश्न और उत्तर | : | Questions and Answers |
| समय पूछना | : | Conversation about Times |
| अपरिचित से बातचीत | : | Talk with a Stranger |
| हज्जाम की दुकान पर | : | At the Barber's Shop |
| धोबी की दुकान पर | : | At the Laundry/Drycleaner's |
| दर्जी की दुकान पर | : | At the Tailor's Shop |
| जूते वाले की दुकान पर | : | At the Shoemaker's |
| डॉक्टर के यहाँ | : | At the Doctor's |
| रास्ता पूछना | : | Asking the Way |
| रेलवे-यात्रा | : | Journey by Train |
| बस से यात्रा | : | Journey by Bus |
| टैक्सी से यात्रा | : | Journey by Taxi |

*Contd...*

*Contd...*

| | |
|---|---|
| स्टीमर–बोट से यात्रा | : Journey by Steamer-boat |
| बैंक से संबंधित | : Related to Bank |
| डाकघर में | : At the Post-Office |
| टेलिफोन पर वार्ता | : Telephone Talk |
| तारघर में | : At the Telegraph Office |
| रेस्टॉरेंट में | : At the Restaurant |
| होटल में | : At the Hotel |
| घड़ीसाज़ की दुकान में | : At the Watchmaker's Shop |
| कपड़े की दुकान में | : At the Cloth-shop |
| शाक–सब्ज़ी की दुकान में | : At the Greengrocer's Shop |
| मौसम (ऋतुएँ) | : Seasons |

## सामाजिक शिष्टाचार : Etiquette

हर देश की अपनी वेश-भूषा, रहन-सहन, रीति-रिवाज होते हैं। देश की भाषा वहाँ की सभ्यता और संस्कृति की छवि होती है। हम अंग्रेजी सीखना चाहते हैं तो हमें अंग्रेजों की शिष्टाचार-संबंधी बातों की जानकारी होना आवश्यक है। इस दृष्टि से कुछ खास बातें यहाँ दी जा रही हैं।

अँग्रेजों की यह प्रथा है कि वह जिस समय सुबह, दोपहर या शाम को किसी से मिलेंगे तो समयानुकूल Good morning (गुड मॉर्निंग = सुप्रभातम्), Good afternoon (गुड आफ्टरनून = शुभ अपराह्न), Good evening (गुड इवनिंग = शुभंकरी संध्या) इन शब्दों से उस व्यक्ति का अभिवादन करते हैं। उत्तर में दूसरा आदमी भी इन्हीं शब्दों (Good morning, Good afternoon, Good evening) को दोहराते हुए पहले व्यक्ति का स्वरित-अभिवादन करता है। अँधेरा हो जाने पर भी यदि कोई अँग्रेज किसी से भेंट करता है तो 'Good evening' ही कहेगा। 'Good night' (गुड नाइट, सुखदायिनी रात्रि) का प्रयोग रात्रि में एक-दूसरे से विदा होते समय करते हैं।

**एक-दूसरे से विदा होते समय नीचे लिखे शब्द-प्रयोग भी करते हैं:-**

| | | |
|---|---|---|
| गुड्-बाय् | Good-bye | नमस्कार। |
| बाय-बाय् | Bye-bye | अभिवादन। |
| सी यू अगेन् | See you again | फिर मिलेंगे। |
| सी यू सून् | See you soon | जल्दी ही मिलेंगे। |
| बी सीइंग् यू | Be seeing you | मिलते रहेंगे। |
| टिल् टुमॉरो | Till tomorrow | कल तक। |
| ऑल द बेस्ट् | All the best | हार्दिक शुभकामनाएँ |

**अधोलिखित प्रकार से सविनय आभार-प्रदर्शन करते हैं:-**

| | | |
|---|---|---|
| थैंक्स् | Thanks | धन्यवाद। |
| थैंक्स् अ लॉट | Thanks a lot | बहुत-बहुत धन्यवाद। |
| थैंक् यू | Thank you | धन्यवाद। |
| थैंक् यू सो मच् | Thank you so much | बहुत-बहुत धन्यवाद। |
| मेनि थैंक्स | Many thanks | बहुत-बहुत धन्यवाद। |
| थैंक् यू वेरी मच् इंडीड् | Thank you very much indeed | वास्तव में आपका बहुत-बहुत धन्यवाद। |

**आभार प्रदर्शन का उत्तर दो प्रकार से देते हैं :-**

| | | |
|---|---|---|
| मेंशन नाट् | Mention not | ऐसा न कहें। |
| नॉट अॅट् ऑल् | Not at all | बिल्कुल नहीं। |

**अधोलिखित शब्द आदरपूर्वक भावनाओं को प्रकट करते हैं :-**

| | | |
|---|---|---|
| सर् | Sir | महाशय, श्रीमान् जी |
| मैडम् | Madam | श्रीमती जी, महोदया |
| प्लीज् | Please | कृपया, कृपा करके, |
| काइंडलि | Kindly | कृपया, कृपा करके |
| विल यू प्लीज़ | Will you please | कृपया आप |
| अॅज़् यू प्लीज़ | As you please | जैसी आपकी इच्छा |
| अॅज़ यू लाइक इट | As you like it | आप जैसा चाहें |
| आय् एम ग्रेटफुल टु यू। | I am grateful to you | मैं आपका आभारी हूँ |
| आय् ऐम् सॉरि | I am sorry | मुझे खेद है |
| आय् रिग्रेट् | I regret | मैं दुखी हूँ |

| | | |
|---|---|---|
| हप्पिली | Happily | प्रसन्नतापूर्वक |
| ग्लैड्लि | Gladly | आनंदपूर्वक |

**कुशलक्षेम पूछते समय इस प्रकार का वार्तालाप होता है :-**

| | | | |
|---|---|---|---|
| **प्रश्न**- | हाउ आ यू? | How are you? | आप कैसे हैं? |
| **उत्तर**- | व्हेरि वेल, थैंक यू। | Very well, thank you. | बहुत अच्छा, शुक्रिया। |
| **प्रश्न**- | हाउ इज़ इट गोइंग? | How is it going? | कैसा चल रहा है? |
| **उत्तर**- | फाइन्, थैंक् यू। | Fine, Thank you. | बढ़िया, धन्यवाद। |
| **प्रश्न**- | हाउ इज् बिजनेस्? | How is business? | कारोबार कैसा है? |
| **उत्तर**- | सो, सो। | So, so | साधारण, कुछ उल्लेखनीय नहीं |
| | क्वाइट् वेल, थैंक् यू। | Quite well, thank you. | काफी अच्छा, धन्यवाद। |
| **प्रश्न**- | हाउ इज़ फैमिलि? | How is family? | परिवार कैसा है? |
| **उत्तर**- | व्हेरि वेल्, थैंक यू। | Very well, thank you. | सकुशल, धन्यवाद। |

## सामान्य : General

1. इज् द बॉस् इन्? — क्या साहब हैं?
   Is the boss in? — Kya Sāhab hain?
2. व्हू इज् इट्? — कौन है?
   Who is it? — Kaun hai?

3. इट्'ज़् बाबू। — मैं बाबू हूँ।
   It's Babu. — Main Bābū huṅ.

4. व्हाट् इज़् इट्? — क्या है?
   What is it? — Kyā hai?

5. व्हाट् हॅप्पन्ड्? — क्या हुआ?
   What happened? — Kyā hu-ā?

6. नथिंग्। — कुछ नहीं।
   Nothing. — Kuchh́ Nahiṅ.

7. मे आय् गो? — क्या मैं जाऊँ?
   May I go? — Kyā maiṅ jā-ūṅ?

8. प्लीज़ कम् बैक्। — कृपया वापस आना।
   Please come back. — Kripayā vāpas ānā.

9. कम् सून्। — जल्दी आना।
   Come soon. — Jaldī ānā.

10. अ‍ॅज़् यू से, सर्। — बहुत अच्छा।
    As you say, sir. — Bahut achchhā.

11. व्हेन् डिड् यू अराइव्? — तुम कब आये?
    When did you arrive? — Tum kab́ āye?

12. यस्टर्डे। — कल।
    Yesterday. — Kal.

13. हाउ आ´ यू? — कैसे हो?
    How are you? — Kaise ho?

14. आय अ‍ॅम् वेल्। — मैं ठीक हूँ।
    I am well. — Main ṭhik hūṅ.

15. लेट् इट् पास्। — जाने दीजिये।
    Let it pass. — Jāne dījiye.

| | |
|---|---|
| 16. शैल आय् ब्रिंग् इट्? | क्या मैं इसे लाऊँ? |
| Shall I bring it? | Kyā maiṅ ise lā-ūṅ ? |
| 17. वेल् डन! ब्रेवो! | शाबाश! |
| Well done! Bravo! | Śhābāśh! |
| 18. मार्वेलस्! | वाह, वाह! |
| Marvellous! | Vāh-Vāh! |
| 19. थैंक् यू। | धन्यवाद। |
| Thank you. | Dhanyvād. |
| 20. सॉरि। | खेद है। |
| Sorry. | Khéd hai. |
| 21. एक्स्क्यूज़ मी। | माफ कीजिये। |
| Excuse me. | Māph kījiye. |
| 22. हाउ एक्स्सेलेंट्। | क्या खूब! |
| How excellent! | Kyā khūb! |
| 23. गुड् बाय्। | नमस्ते। |
| Good bye. | Namaste. |
| 24. डू यू अंडर्स्टैण्ड्? | समझे? |
| Do you understand? | Samajhe? |
| 25. येस्, आय् डू। | हाँ, जी! |
| Yes, I do. | Hāṅ, jī! |
| 26. हैप्पि न्यू यीअर। | नया साल मुबारक। |
| Happy New Year. | Nayā sāl mubārak. |
| 27. व्हाट् इज़् द यूज़्? | क्या फायदा? |
| What is the use? | Kyā phāyadā? |
| 28. जस्ट् लिसन्। | सुनिये तो। |
| Just listen. | Suniye to. |

29. (आय्'म्) कमिंग् जस्ट् नाउ। — अभी आया।
(I'm) Coming just now. — Abhī āyā.

30. स्विच ऑन् दी लैम्प्। — दीया जला दो।
Switch on the lamp. — Dīyā Jalā do.

31. स्विच ऑफ् द' लैम्प्। — दीया बुझा दो।
Switch off the lamp. — Dīyā bujhā do.

32. स्विच् ऑन् द' फैन्। — पंखा चला दो।
Switch on the fan. — Paṅkhā chalā do.

## आज्ञार्थक वाक्य : Imperative Sentences

वाश् द' क्लोद्स्। — कपड़े धोओ।
Wash the clothes. — Kaṕḍe dho-o.

चेंज' (यो'र्) क्लोद्स्। — कपड़े बदलो।
Change (your) clothes. — Kaṕḍe bad́lo.

पुट् ऑन् (यो'र्) क्लोद्स्। — कपड़े पहनो।
Put on (your) clothes. — Kaṕḍe pah́no.

गो टु द' मार्केट्। — बाज़ार जाओ।
Go to the market. — Bāzār jāo.

ब्रिंग वेजिटेबल्स्। — सब्जी लाओ।
Bring vegetables. — Sabjī lāo.

कुक् द' फूड्। — खाना पकाओ।
Cook the food. — Khānā pakāo.

सर्व द' मील। — खाना परोसो।
Serve the meal. — Khānā paroso.

गो आउट्।
Go out.

बाहर जाओ।
Bāhar jāo.

वेट् आउट्साइड्।
Wait outside.

बाहर इन्तजार करो।
Bāhar intzār karo.

कम् इन्।
Come in.

अंदर आओ।
Andaŕ āo.

कम् हिअ।
Come here.

इधर आओ।
Idhar āo.

कम् नियर।
Come near.

पास आओ।
Pās āo.

कम् हिअ।
Come here.

यहाँ आओ।
Yahāṅ āo.

गो देअ।
Go there.

वहाँ जाओ।
Vahāṅ jāo.

फॉलो मी।
Follow me.

मेरे पीछे आओ।
Mere Pīchhe āo.

वेट् अ बिट्।
Wait a bit.

जरा ठहरो।
Jarā ṭhaŕro.

मेक् टी।
Make tea.

चाय बनाओ।
Chāy banāo.

हैव् टी।
Have tea.

चाय पिओ।
Chāy pio.

ओपन् द विंडो।
Open the window.

खिड़की खोलो।
Khiḍkī kholo.

| | |
|---|---|
| शट् द॑ ड्रोर।<br>Shut the door. | दरवाजा बंद करो।<br>Darvājā band́ karo. |
| लॉक् इट्।<br>Lock it. | ताला लगाओ।<br>Tālā lagāo. |
| डोंट् मेक् हेस्ट॑।<br>Don’t make haste. | जल्दी मत करो।<br>Jaldī mat́ karo. |
| वाक् स्लोली।<br>Walk slowly. | धीरे-धीरे चलो।<br>Dhīre-dhīre chalo. |
| स्पीक् इन् लो टोन।<br>Speak in low tone. | आहिस्ता बोलो।<br>Āhistā bolo. |
| डोंट् स्पीक लाउड्ली।<br>Don’t speak loudly. | जोर से मत बोलो।<br>Jor se mat́ bolo. |
| ब्रिंग अनदर्।<br>Bring another. | दूसरा लाओ।<br>Dūsrā lāo. |
| डोंट् फॉर॑गेट्।<br>Don’t forget. | भूलो मत।<br>Bhūlo mat́. |
| डोंट् बी अफ्रेड्।<br>Don’t be afraid. | डरो मत।<br>Ḍaro mat. |
| डोंट् मेक् अ नॉयज़।<br>Don’t make a noise. | शोर मत करो।<br>Shor mat́ karo. |
| डोंट् ड्रिंक् डर्टी वाटर्।<br>Don’t drink dirty water. | गंदा पानी मत पिओ।<br>Gandā pānī mat́ pio. |
| डोंट गो देअ॑ ओव॑ ॲण्ड ओव॑ अगेन्। | वहाँ बार-बार मत जाओ। |

Don't go there over and over again. Vahāṅ bār-bār mat́ jāo.

पिक् अप् द बंडल।
Pick up the bundle.
गठरी उठाओ।
Gaṭh́rī uṭhā-o.

ब्रिंग् अ कैरिएज़।
Bring a carriage.
गाड़ी लाओ।
Gāḍī lāo.

पुट् इट् इन् द कार्ट्।
Put it in the cart.
इसे गाड़ी में रखो।
Ise gāḍī meṅ rakho.

गो अट् वन्स्।
Go at once.
अभी जाओ।
Abhī jāo.

गो स्ट्रेट्।
Go straight.
सीधे जाओ।
Sīdhe jāo.

टर्न् टु द राइट्।
Turn to the right.
दायें मुड़ो।
Dāyeṅ muḍo.

टर्न् टु द लेफ्ट्।
Turn to the left.
बायें मुड़ो।
Bāyeṅ muḍo.

गेट् (इट्) रेडी।
Get (it) ready.
तैयार करो।
Taiyār karo.

रिंग् द बेल्।
Ring the bell.
घंटी बजाओ।
Ghaṇṭi bajāo.

पोर वाटर।
Pour water.
पानी डालो।
Pānī ḍālo.

शट् अप्।
Shut up.
चुप रहो।
Chuṕ raho.

गो टु बेड्।
Go to bed.

सो जाओ।
So jāo.

डोंट् डिले।
Don't delay.

विलंब मत करो।
Vilamb mat karo.

स्वीप् द रूम्।
Sweep the room.

कमरे में झाड़ू लगाओ।
Kamré meiṅ jhāḍū lagāo.

गेट् अप् अर्ली।
Get up early.

तड़के उठो।
Taḍke uṭho.

वर्क् हार्ड्।
Work hard.

मेहनत करो।
Mehnat karo.

## प्रश्न और उत्तर : Questions and Answers

1. हाउ आ यू?
How are you?

आप कैसे हैं?
Āp kaise haiṅ?

आय् ॲम् ऑल् राइट्। थैंक्स्।
I am all right. Thanks.

मैं बिल्कुल ठीक हूँ। धन्यवाद।
Maiṅ bilkul ṭhīk hūn! Dhanyavād.

2. हाउ ओल्ड् आ यू?
How old are you?

आपकी उम्र क्या है?
Āpkī umr kyā hai?

आय् ॲम् टूवेंटी-फाइव यीअर्स ओल्ड्।
I am twenty-five years old.

मेरी उम्र 25 साल है।
Merī umra 25 sāl hai.

| | |
|---|---|
| 3. हाउ डू यू गो टु ऑफिस? | आप ऑफिस कैसे जाते हैं? |
| How do you go to office? | Āp āphis kaise jāte haiṅ. |
| आय् गो बाय् बस्। | मैं बस से जाता हूँ। |
| I go by bus. | Maiṅ bas se jātā hūṅ. |
| 4. हाउ आ यू फीलिंग् टुडे? | आज आप कैसा महसूस कर रहे हैं? |
| How are you feeling today? | Āj āp kaisā mahsūs kar rahe haiṅ? |
| मच् बेटर्। थैंक् यू। | काफी बेहतर। धन्यवाद। |
| Much better. Thank you. | Kāphī behtar. Dhanyavād. |
| 5. हाउ आ यू रिलेटेड् टु दैट गर्ल्? | आपका उस लड़की से क्या नाता है? |
| How are you related to that girl? | Āpkā us laḍkī se kyā nātā hai? |
| शी इज़् माय् सिस्टर्। | वह मेरी बहन है। |
| She is my sister. | Vah merī bahan hai. |
| 6. आ यू अ फार्मर? | क्या तुम किसान हो? |
| Are you a farmer? | Kya tum kisān ho? |
| यस्, ऑय् ॲम्।/नो, आय् ॲम नॉट्। | हाँ/नहीं। |
| Yes, I am./No, I am not. | Haṅ/Nahiṅ. |
| 7. आ यू गोइंग्? | तुम जा रहे हो? |
| Are you going? | Tum jā rahe ho? |

| | |
|---|---|
| यस् आय् ॲम्।/नो, आय् ॲम् नॉट्। | हाँ/नहीं। |
| Yes, I am./No, I am not. | Haṅ/Nahiṅ. |
| 8. आ′ यू हर ब्रद′र? | तुम उसके भाई हो क्या? |
| Are you her brother? | Tum uske bhāī ho kyā? |
| यस्, आय् ॲम्। /नो, आय् ॲम् नॉट्। | हाँ/नहीं। |
| Yes, I am./No, I am not. | Haṅ./Nahiṅ. |
| 9. आ′ यू कमिंग् विद् मी? | तुम मेरे साथ आ रहे हो क्या? |
| Are you coming with me? | Tum mere sāth āā rahe ho kyā? |
| यस्, आय् ॲम्।/ नो, आय् ॲम् नॉट्। | हाँ/नहीं। |
| Yes, I am./No, I am not. | Haṅ/Nahiṅ. |
| 10. आ′ वी गोइंग्? | हम चलें (क्या)? |
| Are we going? | Ham chaleṅ (kyā)? |
| नो, नॉट् येट्। | नहीं, अभी नहीं। |
| No, not yet. | Nahīṅ, abhī nahīṅ. |
| 11. आ′ वी स्टेइंग् हिअ′? | हमें यहाँ रहना है क्या? |
| Are we staying here? | Hameṅ yahāṅ rahńā hai kyā? |
| यस्, ऑफ् कोर्स! | हाँ, बेशक! |
| Yes, of course! | Haṅ, beshaḱ! |
| 12. आ′ वी टु हेल्प् हिम्? | हमें उसकी मदद करनी है क्या? |
| Are we to help him? | Hameṅ uskī madaď kaŕnī hai kyā? |

| | |
|---|---|
| सरटेन्ली। | जरूर। |
| Certainly. | Jarūŕ. |
| 13. आ वी गोइंग टुगेदर? | हम साथ चल रहे हैं क्या? |
| Are we going together? | Ham sāth chal′ rahe haiṅ kyā? |
| आय थिंक् सो। | हाँ। |
| I think so. | Hāṅ. |
| 14. आ दें गोइंग् नाउ? | वे अब जा रहे हैं क्या? |
| Are they going now? | Ve ab′ jā rahe haiṅ kyā? |
| आइ डोंट् नो। | मुझे नहीं मालूम। |
| I don't know. | Mujhe nahīṅ mālūm. |
| 15. आ दे टु स्टे हिअर? | वे यहाँ रहने वाले हैं क्या? |
| Are they to stay here? | Ve yahāṅ rahne vale haiṅ kyā? |
| दे मे! आय् डोंट् नो। | मुमकिन है वे रहें। मुझे नहीं मालूम। |
| They may. I don't know. | Mumkin hai ve raheṅ. Mujhe nahīṅ mālūm. |
| 16. आ दे गुड् अॅट् टेनिस्? | वे टेनिस अच्छा खेलते हैं क्या? |
| Are they good at tennis? | Ve tenis achchhā khelte hāiṅ kyā? |
| आय् अम् टोल्ड् सो। | मुझे ऐसा बताया गया है। |
| I am told so. | Mujhe aisā batāyā gayā hai. |
| 17. अम् आय् टु गो? | मैं जाऊँ/चलूँ (क्या)? |
| Am I to go? | Māiṅ jāūṅ/chalūṅ (kyā)? |
| नो, नॉट् येट्। | अँ हं! अभी नहीं। |
| No, not yet. | Aṅ hṅ! abhī nāhīṅ. |

| | |
|---|---|
| 18. ऍम् आय् सो फूलिश्? | क्या मैं इतना बेवकूफ हूँ? |
| Am I so foolish? | Kyā maiṅ itnā bev́kūf hūṅ? |
| व्हू सेड् सो? | किसने ऐसा कहा? |
| Who said so? | Kisne Ásā kahā? |
| 19. ऍम् आय् टु डिपेंड ऑन् यू? | मैं तुम्हारे भरोसे रहूँ क्या? |
| Am I to depend on you? | Māiṅ tumhāre bharose rahūṅ kyā? |
| बेटर् नॉट्। | नहीं रहो तो बेहतर। |
| Better not. | Nahīṅ raho to beh́tar. |
| 20. ऍम् आय् यों फ्रेंड? | मैं तुम्हारा दोस्त हूँ (क्या)? |
| Am I your friend? | Maiṅ tumhārā dost huṅ (kyā)? |
| यू नो बेस्ट्। | तुझे ही मालूम है। |
| You know best. | Tuze hī mālūm hai. |
| 21. वोंट यू कम् विद् अस? | हमारे साथ नहीं चलेंगे क्या? |
| Won't you come with us? | Hamāre sāth nahīṅ chaleṅge kyā? |
| नो, सॉरी। | नहीं, माफी चाहता हूँ। |
| No, sorry. | Nahīṅ, māphī chāh́tā hūṅ. |

## समय पूछना : Conversation about Times

| | |
|---|---|
| 1. व्हाट् इज़ द टाइम? | कितने बजे हैं? / क्या समय है? |
| What is the time? | Kit́ne baje haiṅ? Kyā samay hai? |

| | | |
|---|---|---|
| 2. | इट्‌स् फोर ओ'क्लॉक्। <br> It's 4 o'clock. | चार बजे हैं। <br> Chār baje haiṅ. |
| 3. | इट्‌स् अॅक्ज़क्ट्‌लि फाइव ओ' क्लॉक। <br> It's exactly 5 o'clock. | ठीक पाँच/ठीक पाँच बजे हैं। <br> Thīḱ pāṅch./Thīḱ pāṅcḿ baje haiṅ. |
| 4. | इट् इज़् हाफ् पास्ट सिक्स्। <br> It is half past six. | साढ़े छः/साढ़े छः बजे हैं। <br> Sāṛhhe chh́ah/Sāṛhhe chh́ah baje haiṅ. |
| 5. | इट्‌स अ क्वार्टर् पास्ट सेवन्। <br> It's a quarter past seven. | सवा सात/सवा सात बजे हैं। <br> Savā sāt́/Savā sāt baje haiṅ. |
| 6. | इट्‌स अ क्वार्टर् टु एट्। <br> It's a quarter to eight. | पौने आठ/पौने आठ बजे हैं। <br> Paune āṭh/Paune āṭh́ baje haiṅ. |
| 7. | इट्‌स टेन मिनट्स् टु नाइन्। <br> It's ten minutes to nine. | नौ बजने में दस मिनट बाकी हैं। <br> Nau bajne meṅ das minaṭ́ bāki haiṅ. |
| 8. | इट्‌स फाइव् मिनट्स पास्ट् टेन्। <br> It's five minutes past ten. | दस बजकर पाँच मिनट/दस बजकर पाँच मिनट हुए हैं। <br> Daś bajjkar pāṅch minaṭ́/ Das bajkar pāṅch minaṭ hue haiṅ. |
| 9. | द ट्रेन् लीव्स अॅट् 11.00 ए.एम.। <br> The train leaves at 11.00 a.m. | गाड़ी ग्यारह बजे दिन में छूटती है। <br> Gāḍī gyārah́ baje din meṅ chhūṭ́ṭī hai. |

10. शॉप्स आ क्लोज़्ड अॅट् टवेल्व ओ' क्लॉक अॅट मिड्-डे।

Shops are closed at 12 o'clock at mid-day.

दुकानें बारह बजे दिन में बंद होती हैं।

Dukāneṅ bārah́ baje din meṅ band́ hotī haiṅ.

11. द पोस्टमैन् कम्स अॅट वन ओ' क्लॉक् अॅट् नून्।

The postman comes at 1 o'clock at noon.

डाकिया एक बजे दिन में आता है।

Ḍākiyā eḱ baje diṅ meṅ ātā hai.

12. आय् टेक् लंच् अॅट् वन् थर्टी पी.एम.।

I take lunch at 1.30 p.m.

मैं डेढ़ बजे खाना खाता हूँ।

Maiṅ ḍerh́ baje khānā khātā hūṅ.

13. आय् टेक ए नॅप् अॅट् टू ओ'क्लॉक् इन आफ्टर् नून।

I take a nap at 2 o'clock

मैं दो बजे दोपहर में झपकी लेता हूँ।

Maiṅ do baje dopahar meṅ jhapḱī letā hūṅ.

14. आय् गो टु कॉफी बार अॅट टू-थर्टी पी.एम.।

I go to coffee bar at 2.30 p.m.

मैं ढाई बजे कॉफी बार जाता हूँ।

Maiṅ dhāī baje kăphī bār jātā hūṅ.

15. द चिल्ड्रेन् रिटर्न फ्रॉम् द स्कूल् अॅट् थ्री ओ'क्लॉक इन आफ्टर्नून्।

The children return

बच्चे स्कूल से तीन बजे दोपहर में लौटते हैं।

Bachche skūĺ se tīn baje

| | |
|---|---|
| from the school at 3 o'clock in afternoon. | dopahar meṅ lauṭte haiṅ. |
| 16. ट्रेन्स् आ रनिंग् डे ॲण्ड् नाइट्। | गाड़ियाँ दिन-रात चल रही हैं। |
| Trains are running day and night. | Gāḍiyāṅ din-rāt chal rahī haiṅ. |
| 17. शी गोज़् टु ऑफिस् इन् द मॉर्निंग् ॲण्ड् रिटर्न्स् इन् द इव्हनिंग्। | वह सुबह ऑफिस जाती है और शाम को लौटती है। |
| She goes to office in the morning and returns in the evening. | Vah subah ăphis jātī hai aur śhām ko lauṭtī hai. |

## अपरिचित से बातचीत : Talk with a Stranger

| | |
|---|---|
| 1. मे आय् नो योर नेम्, प्लीज़? | आपका क्या नाम है? |
| May I know your name, please? | Āpkā kyā nām hai? |
| 2. माय् नेम् इज़् सोमसुन्दरम्। | मैं सोमसुन्दरम् हूँ। |
| My name is Somasundaram. | Maiṅ Somasundaram hūṅ. |
| 3. कुड् आय् नो व्हाट् यू आ? | आपका कारोबार क्या है? |
| Could I know what you are? | Āpkā kārobār kyā hai? |
| 4. आय् ॲम् अन् इंजिनियर्। | मैं इंजीनियर हूँ। |
| I am an engineer. | Maiṅ injiniar hūṅ. |

| | | |
|---|---|---|
| 5. | व्हाट् इज़् यों फादं?<br>What is your father? | आपके पिता क्या करते हैं?<br>Āṕke pitā kyā karte hain? |
| 6. | ही इज़ अ डॉक्टर्।<br>He is a doctor. | वे डॉक्टर हैं।<br>Ve ḍākṭar haiṅ. |
| 7. | व्हेयर आं यू कमिंग फ्रॉम?<br>Where are you coming from? | आप कहाँ से आये हैं?<br>Āṕ kahāṅ se āye haiṅ? |
| 8. | व्हाट ब्रिंग्स् यू हिअं?<br>What brings you here? | यहाँ किस काम से आये हैं?<br>Yahāṅ kiś kām se āye haiṅ? |
| 9. | आय हैव्ह् कम् टु अटेंड् अ फ्रेंड्स वेडिंग्।<br>I have come to attend a friend's wedding. | मैं एक मित्र की शादी में शरीक होने आया हूँ।<br>Maiṅ eḱ mitra kī shādī meṅ sharīk hone āyā hūṅ. |
| 10. | ॲण्ड् टु लुक् फॉर् अ सुटेबल् मैच् फॉर माय् सिस्टर्।<br>And to look for a suitable match for my sister. | और अपनी बहन के लिए योग्य वर देखने के लिए।<br>Aur apnī baḿan ke li-e yogya var dekḿne ke li-e. |
| 11. | एनी लक?<br>Any luck? | कहीं कुछ जमा क्या?<br>Kahiṅ kuchḿ jamā kyā? |
| 12. | नॉट् येट्।<br>Not yet. | अभी तक तो नहीं।<br>Abhī taḱ to nahiṅ. |
| 13. | आय् सी, व्हेन् इज़् यों फ्रेंड्स वेडिंग्?<br>I see, when is your friend's wedding? | अच्छा, आपके मित्र की शादी कब है?<br>Achchhā, āṕke mitra kī shādī kab′ hai? |

14. टुमारो।
Tomorrow.

कल।
Kaĺ.

15. हाऊ लाँग् विल् यू बी हिअ'?
How long will you be here?

आप यहाँ कितने दिन ठहरेंगे?
Āp yahāṅ kit́ne din ṭhah́reṇge?

16. अबाउट् टू वीक्स्।
About two weeks.

लगभग पन्द्रह दिन।
Lagbhaǵ pandrah́ diń.

17. देन व्हाय् नॉट् कम् टु टेक् अ मील् विद् मी डे आफ्टर् टुमारो इव्हनिंग्?
Then why not come to take a meal with me day after tomorrow evening?

तो आप परसों शाम को मेरे यहाँ भोजन के लिए क्यों नहीं आते?
To āṕ parsoṅ shām ko mere yahāṅ bhojań ke liye kyoṅ nahīṅ āte?

18. द प्लैज़र इज़ माइन'।
The pleasure's mine.

हाँ, हाँ, अवश्य आऊँगा।
Hāṅ, hāṅ, avaśyá āūṅgā.

19. व्हाट् इज़् यो'र् सिस्टर्?
What is your sister?

आपकी बहन क्या करती है?
Āṕkī bah́ań kyā karatī hai?

20. शी इज़् ॲन् इंग्लिश् लेक्चरर।
She is an English-lecturer.

वह अंग्रेजी की लेक्चरर है।
Vah́ aṅgrejī kī lecturer hai.

21. व्हाटा'र् यो'र् एक्स्पेक्टेशन्स?
What're your expectations?

लड़के के बारे में आपकी क्या अपेक्षा है?
Laḍke ke bāre meṅ āṕkī kyā apekṣā hai?

| | | |
|---|---|---|
| 22. | मस्ट् बी पोस्ट्ग्रॅज्युएट्।<br>Must be postgraduate. | कम से कम एम.ए. हो।<br>Kam̓ se kam̓ M.A. ho. |
| 23. | ॲण्ड् वेल् फिक्स्ड् अप् सम॑ व्हेअ॑।<br>And well fixed up some-where. | और कहीं अच्छी नौकरी हो।<br>Aur kahīṅ achchhī naukrī ho. |
| 24. | यू आ॑ कमिंग् डे-आफ्ट॑ टुमॉरो, इज़् नॉट् इट्?<br>You are coming day-after tomorrow, is n't it? | आप परसों आ रहे हैं न?<br>Āp′ parsoṅ ā rahe haiṅ na? |
| 25. | ऑय् शैल् सजेस्ट् यू अ गुड् फॅमिली।<br>I shall suggest you a good family. | मैं एक अच्छा-सा परिवार दिखाऊँगा।<br>Maiṅ ek′ achchhā-sā parivār dikhāūṅgā. |
| 26. | थैंक यू। आय् विल्।<br>Thank you. I will. | धन्यवाद। अवश्य आऊँगा।<br>Dhanyavāḍ. Avaśya āūṅgā. |
| 27. | गुड्डे.<br>Good day. | नमस्कार।<br>Namaskār. |

## हज्जाम की दुकान पर :
## At the Barber's Shop

| | | |
|---|---|---|
| 1. | आय् वुड् लाइक॑ टु हैव् शेव्।<br>I would like to have shave. | मुझे दाढ़ी बनवानी है।<br>Mujhe dāṛhī banvānī hai. |
| 2. | शेव् मी वेरि क्लोज़्।<br>Shave me very close. | बिलकुल साफ दाढ़ी बनाओ।<br>Bil′kul′ sāf′ dārhhī banāo. |

| | | |
|---|---|---|
| 3. | लॅदर् इट् मोर्।<br>Lather it more. | साबुन ज़रा अच्छा लगाओ।<br>Sābun zarā achchhā lagāo. |
| 4. | योर् रेज़र् इज़् ब्लंट्।<br>Your razor is blunt. | तुम्हारा उस्तरा कुन्द है।<br>Tumhārā ustrā kund hai. |
| 5. | सी योर् रेज़र् हॅज़् कट् हिअ'।<br>See, your razor has cut here. | देखो, तुम्हारे उस्तरे ने काट दिया है।<br>Dekho, tumhāre ustre ne kāṭ diyā hai. |
| 6. | वुड् यू प्लीज़् अप्लाय् अ बिट् अलम् देअर'।<br>Would you please apply a bit alum there! | वहाँ थोड़ी-सी फिटकरी लगाओ।<br>Vahāṅ thoḍī-sī phiṭkarī lagāo. |
| 7. | शार्पन् द रेज़र्।<br>Sharpen the razor. | उस्तरा तेज करो।<br>Ustarā tez karo. |
| 8. | आय् वांट् अ हेअ' कट्, प्लीज़्।<br>I want a hair-cut, please. | मुझे बाल कटवाने हैं।<br>Mujhe bāl kaṭvāne haiṅ. |
| 9. | डोंट् कट् इट् टू शॉर्ट्।<br>Don't cut it too short. | बहुत छोटे मत काटो।<br>Bahut chhoṭe mat kāṭo. |
| 10. | सीजर्स ऑन्ली, प्लीज़्।<br>Scissors only, please. | कैंची से ही काटो।<br>Kaiṅchi se hī kāṭo. |
| 11. | अ लिट्ल शार्टर्, हिअ'।<br>A little shorter, here. | यहाँ ज़रा और छोटा करो।<br>Yahāṅ zarā aur chhoṭā karo. |

| | |
|---|---|
| 12. यो' हेअर आ' फालिंग्। | आपके बाल झड़ रहे हैं। |
| Your hair are falling. | Āṕke bāĺ jhaḍ rahe haiṅ. |
| 13. हैव् यू नोटिस्ड् इट्? | क्या आपने ख्याल किया है? |
| Have you noticed it? | Kyā āṕne khyāĺ kiyā hai? |
| 14. आय् थिंक् इट् इज़् हेरिडिटरी वन। | मेरी समझ में यह मौरूसी देन है। |
| I think it is hereditary one. | Merī samajh meṅ yaḣ maurūsī den hai. |
| 15. डू यू टेक एनी ट्रीट्मेंट? | क्या कोई इलाज कर रहे हैं? |
| Do you take any treatment? | Kyā koī ilāj kar rahe haiṅ? |
| 16. आय् ट्राइड अ लॉट्, बट् विद् नो रिज़ल्ट्स्। | मैंने बहुत कुछ किया मगर कोई फायदा नहीं। |
| I tried a lot, but with no results. | Maiṅne bahuť kuchḣ kiyā magar koī phāidā nahīṅ. |
| 17. वुड् यू प्लीज़ ट्रिम् माय् मुस्ताच'? | ज़रा मेरी मूँछ सँवार दो। |
| Would you please trim my moustache. | Zarā merī mūṅchḣ saṅvār do. |
| 18. दॅट्'ज् इनफ् ऑफ्। | बिलकुल ठीक। |
| That's enough off. | Biĺkuĺ ṭhīḱ. |
| 19. दॅट्'ज़् फाइन'। | बहुत ही सुंदर। |
| That's fine. | Bahuť hī sundar. |
| 20. थैंक् यू। | धन्यवाद। |
| Thank you. | Dhanyavāḋ. |

21. हाऊ मच् डू आय् ओ यू? मुझे कितना देना है?
How much do I owe you? Mujhe kitnā denā hai?

22. ॲण्ड् दिस् इज़् फॉ' यू। और यह तुम्हारे लिए।
And this is for you. Aur yah tumhāre li-e.

# धोबी की दुकान पर:
# At the Laundry/Drycleaner's

1. व्हेअ' इज़् द' निअरेस्ट लांड्री/ ड्राय् क्लीनर्'स्? नजदीक में लांड्री/ड्राय क्लीनर्'स् कहाँ है?
Where is the nearest laundry/drycleaner's? Nazdīk meṅ laundry/dry-klīnar's kahāṅ hai?

2. आय् वांट् दीज़' क्लोद्स वाश्ड/आयर्न्ड (प्रेस्ड)। मुझे इन कपड़ों को धुलाना/इस्तरी कराना है।
I want these clothes washed/ironed (pressed). Mujhe in kapḍoṅ ko ḍhulāna/istarī karānā hai.

3. व्हेन दीज़' विल् बी रेडी? ये कब मिलेंगे?
When these will be ready? Ye kab mileṅge?

4. आय् नीड् देम् टुडे/ टुमॉरो/ बिफोर् सटर्डे। मुझे आज/कल/शनिवार के पहले चाहिये।
I need them today/ tomorrow/before Saturday. Mujhe ye āj/kal/shanivār ke pahle chāhiye.

5. आय् मस्ट् हैव् देम् विदिन् अ वीक्। मुझे एक हफ्ते में जरूर चाहिये।

I must have them within a week. — Mujhe eḱ hafte meṅ jarūr chāhiye.

6. डों'ट पुट् टू मच् स्टार्च्/ब्लू। — बहुत माया/नील मत डालो।

Don't put too much starch/blue. — Bahut́ māyā/nīĺ mat́ ḍālo.

7. काउंट् माय् क्लोद्'स्। — (मेरे) कपड़े गिनो।

Count my clothes. — (Mere) kaṕḍe gino.

8. इज़् देअ' एनिथिंग् मिसिंग्? — क्या कुछ कम है?

Is there anything missing? — Kyā kuchh́ kam hai?

9. यस्, देअ'ज़् वन पीस मिसिंग्। — हाँ, एक कपड़ा कम है।

Yes, there's one piece missing. — Hāṅ, eḱ kaṕḍā kam hai.

10. चेक् देम् प्रॉपर्‌ली। — ठीक तरह से देखो।

Check them properly. — Ṭhīḱ tarah́ se dekho.

11. दिस् इज़् नॉट् माइन'। — यह मेरी नहीं है।

This is not mine. — Yah́ merī nahīn̐ hai.

12. दीज़् आ' नॉट् माय् हैंड्करचीवस्। — ये मेरे रूमाल नहीं हैं।

These are not my handkerchieves. — Ye mere rūmāĺ nahīṅ haiṅ.

13. यू हैव् टॉर्न् दिस् शर्ट्। — यह कमीज तुमने फाड़ दी है।

You have torn this shirt. — Yah́ kamīź tumne fāḍ dī hai.

| | |
|---|---|
| 14. कॅन् यू स्टिच् दिस्? | इसे सी सकते हो? |
| Can you stitch this? | Ise sī saḱte ho? |
| 15. कॅन् दिस् बी मेनडेड् इन्विज़िब्ली। | दिखाई न दे, ऐसा दुरुस्त कर कर सकते हो? |
| Can this be mended invisibly? | Dikhāi na de, aisā durusta kar saḱte ho? |
| 16. दिस् इज़् नॉट् प्रॉपर्ली वाश्ड्। | यह अच्छी तरह धुला नहीं है। |
| This is not properly washed. | Yaĥ achchhī taraĥ dhulā nahīṅ hai. |
| 17. टेक् दिस् बैक्। | इसे वापस ले जाओ। |
| Take this back. | Ise vāpaś le jāo. |
| अॅण्ड् हैव् इट् वाश्ड् अगेन्। | और फिर धोकर लाओ। |
| And have it washed again. | Aur fir dhokar lāo. |
| 18. दिस् इज़् टू लिम्प्। | यह बहुत ही नरम है। |
| This is too limp. | Yaĥ bahut hī naram hai. |
| आयरन इट् प्रॉपर्ली। | ठीक से इस्तरी करो। |
| Iron it properly. | Ṭhīḱ se istarī karo. |
| 19. कॅन् यू गेट् दिस् स्टेन् ऑउट्? | यह दाग छुड़ा सकोगे? |
| Can you get this stain out? | Yaĥ dāg chhuḍā sakoge? |
| 20. देअ इज़् अ होल इन् दिस्। | इसमें सुराख़ है। |
| There is a hole in this. | Ismeṅ surākh́ hai. |
| 21. कॅन् यू पॅच् दिस्? | इसे पेवन लगा सकोगे? |
| Can you patch this? | Ise pevan lagā sakoge? |
| 22. यू हैव् बर्न्ट् दिस् टॉवेल्। | तुमने इस तौलिये को जला दिया है। |

You have burnt this towel. Tumne is tauliye ko jala diyā hai.

23. इज़् माय् लॉंड्री रेडी? क्या मेरे कपड़े तैयार हैं?
Is my laundry ready? Kyā mere kaṕḍe taiyār haiṅ?

24. आय् विल् नॉट् पे यू अन्टिल् द मिसिंग् आर्टिकल्स् आ रिटर्न्ड्। गुम कपड़े जब तक तुम नहीं लाते, तब तक तुम्हें पैसे नहीं मिलेंगे।
I will not pay you until the missing articles are returned. Gum kaṕḍe jab́ taḱ tum nahīṅ lāte, tab́ taḱ tumh́eṅ paise nahīṅ mileṅge.

## दर्जी की दुकान पर : At the Tailor's Shop

1. गुड् मॉर्निंग्, सर्! नमस्ते, साहब!
Good morning, sir! Namaste, Sāh́b́!

2. व्हाट् कॅन् आय् डू फॉ' यू? साहब का क्या हुक्म है?
What can I do for you? Sāh́b́ kā kyā hukm hai?

3. आय् वुड् लाइक' टु बी स्टिच्ड् अ सूट। मुझे एक सूट सिलाना है।
I would like to be stitched a suit. Mujhe eḱ sūt́ silānā hai.

4. मेज़र' मी फॉ' द' सेम्। उसके लिए नाप लें।
Measure me for the same. Uśke li-e nāṕ leṅ.

5. विद् प्लेज़र्, सर्। काइंड्ली स्टेप् दिस् वे। ठीक है, साहब आप इधर आ जाएँ।

With pleasure, Sir. Kindly step this way.

Ṭhīḱ hai, Sāh́b́, Āṕ idh́ar ā jāeṅ.

6. व्हाट् स्टाइल् वुड् यू प्रिफर?

What style would you prefer?

आप किस ढंग का सूट पसन्द करते हैं?

Āṕ kiś ḍhaṅg ka sūṭ́ pasanḍ′ karte haiṅ?

7. आय् वांट् अ सूट् ऑफ् गुड् टेरिलिन्।

I want a suit of good terylene.

मुझे अच्छे टेरिलिन का सूट सिलाना है।

Mujhe achchhe ṭerilin kā sūṭ́ silānā hai.

8. हैव यू गुड् सैंपिल्स् ऑफ टेरिलिन् विद् यू?

Have you good samples of terylene with you?

आपके पास टेरिलिन के अच्छे नमूने हैं क्या?

Āṕke pāś ṭerilin ke achchhe namūne haiṅ kyā?

9. सर्टेनली, सर्, एनी पर्टिकुलर कलर?

Certainly, sir, any particular colour?

ज़रूर साहब, कोई खास रंग?

Jarūr Sāh́b́. koī khāś raṅg?

10. यस्, आय् वांट् अ डार्क ब्राउन्।

Yes, I want a dark brown.

हाँ, मुझे गहरा (गाढ़ा) ब्राउन रंग चाहिए।

Haṅ, mujhe gah́rā (gāṛha) brāun raṅg chāhiye.

11. हिअ्र इज़् अ व्हेरि नाइस् क्लॉथ्, सर्, इट् वेअर्स् वेल् ऑण्ड लुक्स् नीट्।

यह बहुत ही अच्छा कपड़ा है, साहब, टिकने में मजबूत, दिखने में अच्छा।

| | |
|---|---|
| Here is a very nice cloth, sir, it wears well and looks neat. | Yaḿ bahuṫ hī achchhā kaṕḍā hai, Saḿb́, ṭiḱne meṅ mazbūṫ, diḱhne meṅ achchhā. |
| 12. यस्, दैट्स् क्वाएट् नाइस् बट् इट् इज़् रादर् हैवी। Yes, that's quite nice. But it is rather heavy. | हाँ, यह अच्छा लगता है, मगर जरा भारी मालूम पड़ता है। Hāṅ, yaḿ achchhā lagtā hai, magar jarā bhārī mālūm paṛhatā hai. |
| 13. हैव्हन्ट् यू एनिथिंग् लाइटर्? Haven't you anything lighter? | इसकी अपेक्षा हल्का नहीं है क्या? Iśkī apekṣā haĺkā nahīṅ hai kyā? |
| 14. यस् सर्, हिअ इज़् सम् रिअली नाइस् स्टफ्। Yes sir, here is some really nice stuff. | जी हाँ, यह देखिए– यह बेहतरीन कपड़ा है। Jī haṅ, yaḿ dekhiye, yaḿ beḿtarīń kaṕḍā hai. |
| 15. इट् इज़् अ बिट् मोर एक्स्पेन्सिव्, बट् इट इज़् वर्थ् द एक्स्ट्रा मनि। It is a bit more expensive, but it is worth the extra money. | यह ज़रा महँगा ज़रूर है, मगर कपड़ा देखें तो महँगा नहीं है। Yaḿ zarā mahaṅgā jarūr hai, magar kaṕḍa dekheṅ to mahaṅgā nahiṅ hai. |
| 16. व्हाट्स् द प्राइस्? What's the price? | क्या भाव है? Kyā bhāv́ hai? |
| 17. ....... रु० अ मीटर्, सर्। ....... Rs. a metre, sir. | ..... रुपये मीटर। ..... ruṕye mīṭar. |

18. हाउ मच् शुड् आय्
रिक्वायर' फॉ' अ सूट्?
How much should I
require for a suit?

सूट के लिए कुल कितना
कपड़ा लगेगा?
Sūṭ́ ke lie kuĺ kit́nā
kaṕḍā lagegā?

19. थ्री मीटर्स अॅण्ड अ हाफ्
वुड् बी अॅम्पल्।
Three metres and a
half would be ample.

साढ़े तीन मीटर काफी है।
Sāṛhe tīn mīṭaŕ kāfī
hai.

20. दिस् इज़् अ क्लॉथ् आय्
कॅन् थॉरोलि रिकमेंड।
This is a cloth I can
thoroughly recommend.

इस कपड़े की सिफारिश
मैं पूर्णरूप से करूँगा।
Is kaṕḍe kī siphāriṣ
maiṅ purṇ́ rūṕ se
karūṅgā.

21. अॅण्ड् व्हाट् वुड् यू
चार्ज फॉ' द' स्टिचिंग?
And what would you
charge for the stitching?

और सूट की सिलाई कितनी
होगी?
Aur sūṭ́ kī silāī kit́nī
hogī?

22. ऑन्ली ..... रुपीज़, सर्।
Only Rs ....., sir.

सिर्फ ..... रुपये, साहब।
Sirṕh ..... rupye sāh́b́.

23. आय् सी. दैट् विल् बी ... रु०
पै. ..... आलटुगेदर्!
I see. That will be Rs. ...
P. ...... altogether!

अच्छा, मतलब यह कि कुल
मिलाकर ... रुपये होंगे, ठीक है।
Achchhā, mat́alab́ ye ki
kuĺ milākar ... rupye
hoṅge, ṭhīḱ hai!

24. इट् इज़ आल्राइट्।
It is alright.

ठीक है।
Ṭhīḱ hai.

25. आय् थिंक्, आय् विल् टेक् इट्। I think I will take it.

अच्छा, यही लेंगे। Achchhā yahī leṅge.

26. वेरी गुड्, सर्। आय् विल् टेक् यॉ मेज़रमेन्ट्स। थैंक यू।
Very good, sir. I will take your measurements. Thank you.

बहुत अच्छा, साहब। अब आपका नाप लेता हूँ। धन्यवाद।
Bahut́ achchhā, Sāh́b́. ab́ āṕkā nāṕ letā huṅ. Dhanyavād.

27. कुड् यू मैनेज् टु कॉल इन ऑन मंडे फॉ अ ट्राय ऑन?
Could you manage to call in on Monday for a try on?

कपड़े की सिलाई का कमी-ज्यादा देखने के लिए आप सोमवार को आ सकेंगे?
Kaṕḍe kī silāī ka kamī-jyādā dekh́ne ke li-e āp Somvār ko ā sakeṅge?

28. लेट मी सी। आय थिंक् मंडे वुड बी आक्वर्ड। शैल वी से टयूज़डे?
Let me see. I think Monday would be awkward. Shall we say Tuesday?

देखूँ, न सोमवार ठीक नहीं रहेगा, मंगलवार को आऊँ तो?
Dekhūṅ, Na Somvār ṭhīḱ nahīṅ rahegā, Maṅgaĺvāŕ ko Āūṅ to?

29. व्हेरि गुड, सर, इट विल बी रेडि फॉ यू ऑन् टयूज़्डे.
Very good, sir, it will be ready for you on Tuesday.

बहुत अच्छा, साहब, मंगलवार को तैयार रखूंगा।
Bahut́ achchhā Sāh́b́ Maṅgaĺvār ko taiyār rakhūṅgā.

30. इज़् देअ एनीथिंग् एल्स् आय् कॅन् डू फॉ यू?

और कोई सेवा (ख़िदमत)?

| | |
|---|---|
| Is there anything else I can do for you? | Aur koī sevā (khidmat)? |
| 31. नो, आय् थिंक् नॉट्। गुड्-बाय्। | न, और कुछ नहीं। अच्छा चलें, नमस्ते। |
| No, I think not. Good-bye. | Na, aur kuchh nahīṅ Achchhā chaleṅ, Namaste. |
| 32. गुड् मॉर्निंग्, सर्। | नमस्ते, साहब। |
| Good morning, sir. | Namaste, Sahb. |

## जूते वाले की दुकान पर: At the Shoemaker's

| | |
|---|---|
| 1. आय् वुड् लाइक् अ पेअ ऑफ् शूज़्। | मुझे एक जोड़ा जूता चाहिए। |
| I'd like a pair of shoes. | Mujhe ek joḍā jūtā chāhie. |
| 2. आय् विल् ट्राय् देम् ऑन्। | देखता हूँ (मैं पहनकर देखता हूँ)। |
| I will try them on. | Dekhtā hūṅ (Maiṅ pahankar dekhtā hūṅ.) |
| 3. दीज़् आ टू नॅरौ। | ये बहुत तंग हैं। |
| These are too narrow. | Ye bahut tuṅg haiṅ. |
| 4. डू यू हैव् लार्जर् दॅन् दिस्? | इससे बड़ा है? |
| Do you have larger than this? | Isse baḍā hai? |
| 5. आय् वांट् अ स्मालर् साइज़्। | मुझे छोटा चाहिये। |
| I want a smaller size. | Mujhe chhoṭā chāhiye. |

| | |
|---|---|
| 6. आय् वांट् पॉज़् अ बिट् वाइडर्।<br>I want paws a bit wider. | पंजे कुछ चौड़े चाहिये।<br>Panje kuchh́ chauḍe chāhiye. |
| 7. डू यू हैव् द सेम् इन् ब्राउन्?<br>Do you have the same in brown? | यही ब्राउन में है क्या?<br>Yahī brāun meṅ hai kyā? |
| 8. द' हील्स् आ' टू हाय्।<br>The heels are too high. | एड़ी बहुत ऊँची है।<br>Eḍī bahuť uṅchī hai. |
| 9. कॅन् यू स्टिच् दिस्?<br>Can you stitch this? | इसे सियेंगे (सिएँगे)? इसकी सिलाई कर सकते हैं?<br>Ise siyeṅge (sieṅge)? Iśkī silāī kar saḱte haiṅ? |
| 10. कॅन् यू रिपेअर् दीज़् शूज़्?<br>Can you repair these shoes? | इसकी मरम्मत करेंगे?<br>Iśkī marammať kareṅge? |
| 11. आय् वांट् टु हैव दीज़् शूज़् रिसोल्ड् अॅण्ड् रिहील्ड्।<br>I want to have these shoes resoled and rehealed. | मैं इन जूतों में नए तल्ले और नयी एड़ियाँ लगाना चाहता हूँ।<br>Maiṅ in jūtoṅ meṅ naye talle aūr nayī eḍiyāṅ lagānā chāhtā hūṅ. |
| 12. देअ' इज़् अ नेल् इन् माय् शू।<br>There is a nail in my shoe. | मेरे जूते में कील निकली है।<br>Mere jūte meṅ kīĺ nikĺī hai. |
| 13. मेज़र्' मी फा' अ पेअ' ऑफ् शूज़्। | मेरे जूते का नाप लें। |

Measure me for a pair of shoes. | Mere jūte kā nāṕ leṅ.

14. मेक् देम् अ बिट् ईज़ी। | इन्हें ज़रा ढीला बनायें।
Make them a bit easy. | Inheṅ zarā ḍhīlā banayeṅ.

15. व्हेन् विल् दे बी रेडी? | ये कब तैयार होंगे?
When will they be ready? | Ye kab́ taiyār hoṅge?

16. हैव् यू मेंडेड् माय् शूज़्? | आपने मेरे जूते दुरुस्त किए हैं?
Have you mended my shoes? | Āṕne mere jūte durusť kiye haiṅ?

## डॉक्टर के यहाँ : At the Doctor's Clinic

1. इज़् डॉक्टर् इन्? | डॉक्टर साहब हैं क्या?
Is doctor in? | Ḍaukṭar sāh́b haiṅ kyā?

2. ही हॅज़् गॉन् फॉ′ अ विज़िट्। | रोगी देखने गये हैं।
He has gone for a visit. | Rogī dekh́ne gaye haiṅ.

3. व्हेन् वुड् ही कम् बैक्। | वे कब आयेंगे?
When would he come back. | Ve kab́ āyeṅge?

4. बी सीटेड्′। ही विल् बी हिअ′ सून्। | बैठिये। अभी आयेंगे।
Be seated. He will be here soon. | Baiṭhiye. Abhī āyeṅge.

5. गुड् मॉर्निंग डॉक्टर! | नमस्ते, डॉक्टर साहब!
Good morning, doctor! | Namaste, dākṭar sāh́b́!

| | |
|---|---|
| 6. गुड् मॉर्निंग्, सॉरी, यू हॅड् टु वेट् फॉ′ अ लाँग् टाइम्।<br>Good morning, sorry, you had to wait for a long time. | नमस्ते, काफी देर तक आपको बैठना पड़ा।<br>Namaste, kāfī der taḱ āṕko baiṭh́nā paḍā. |
| 7. व्हाट्′ज़् रॉंग् विद् यू?<br>What's wrong with you? | (आपको) क्या तकलीफ है?<br>(Āṕko) kyā taḱlīf́ hai? |
| 8. आय् ॲम् सफरिंग् फ्रॉम् बॅड् कफ् ॲण्ड् फिवर्।<br>I am suffering from bad cough and fever. | मुझे जुकाम और बुखार है।<br>Mujhe zukām aur būkhāŕ hai. |
| 9. सिंस् व्हेन् हैव् यू बीन् सफरिंग् फ्राम् फिवर्?<br>Since when have you been suffering from fever? | (आपको) कब से बुखार है?<br>(Āṕko) kab́ se būkhār hai ? |
| 10. सिन्स् लास्ट् सटर्डे नाइट्।<br>Since last Saturday night. | पिछले शनिवार की रात से।<br>Pichh́le shanivāŕ kī rāt́ se. |
| 11. वेल्, लेट् मी फील् यों पल्स्।<br>Well, let me feel your pulse. | देखें, हाथ दिखायें।<br>Dekheṅ, hāth́ dikhāyeṅ. |
| 12. आय् डोंट गेट् स्लीप्।<br>I don't get sleep. | मुझे नींद नहीं आती।<br>Mujhe nīńd nahīṅ ātī. |
| 13. शो मी यों टंग्।<br>Show me your tongue. | (अपनी) जीभ दिखायें।<br>(Aṕnī) jībh́ dikhāyeṅ. |

| | |
|---|---|
| 14. आर्' यों बॉवेल्स् रेगुलर्? | पाखाना साफ़ (खुलकर) होता है। |
| Are your bowels regular? | Pākhānā sāf́ (khuĺkar) hotā hai? |
| 15. नॉट् इवन् वन्स् इन् द लास्ट् टू डेज़्। | पिछले दो दिन से एक बार भी नहीं हुआ। |
| Not even once in the last two days. | Pichh́le do din' se ek' bār bhī nahīṅ huī. |
| 16. डू यू कॅफ्? | खाँसी आती है? |
| Do you cough? | Khāṅsī ātī hai? |
| 17. सम'टाइम्स्। | कभी-कभी। |
| Sometimes. | kabhī-kabhī. |
| 18. लाय' डॉउन् ऑन् द बेड्। | इस पर लेट जायें। |
| Lie down on the bed. | Is par leṭ́ jāyeṅ. |
| 19. डज् दॅट् पेन् यू? | दुखता है? |
| Does that pain you? | Duḱhtā hai? |
| 20. अ लिट'ल्। | थोड़ा-थोड़ा। |
| A little. | Thoḍā-thoḍā. |
| 21. नाऊ, आय् अम् गिविंग् अॅन् इन्जेक्शन्। | देखो, मैं अभी एक इंजेक्शन देता हूँ। |
| Now, I am giving an injection. | Dekho, maiṅ abhī ek' injekṣhan detā hūṅ. |
| 22. दिस् मेडिसन् इज़् फॉ' टू डेज़्। | यह दवाई दो दिनों के लिए है। |
| This medicine is for two days. | Yah' davāī do dinoṅ ke lie hai. |

23. टेक् अ डोज़ एव्री फोर् आवर्। हर चार घंटे के बाद एक खुराक लें।
Take a dose every four hour. Har chār ghaṇte ke bād ek khurāk leṅ.

24. टेक् दिस् पिल् अॅट् बेड् टाइम्। यह गोली सोते समय लें।
Take this pill at bed time. Yah golī sote samay leṅ.

25. लाय डाउन् ऑन् बेड् क्वायेट्ली। चुपचाप बिस्तरे पर लेटे रहें।
Lie down on bed quietly. Chupchāp bistare par leṭe raheṅ.

26. टेक् ऑन्ली टी, कॉफी अॅण्ड बिस्किट्स्. सिर्फ चाय, कॉफी, बिस्किट लें।
Take only tea, coffee and biscuits. Sirph chāy, kāfī, biskiṭ leṅ.

## रास्ता पूछना : Asking the Way

1. एक्स्क्यूज़ मी, कॅन् यू टेल् मी द वे टु द स्टेशन्? माफ कीजिये, स्टेशन का रास्ता बतायेंगे?
Excuse me, can you tell me the way to the station? Māf kījiye, sṭeṣhan kā rāstā batāyeṅge?

2. व्हिच् स्टेशन्? कौन-सा स्टेशन?
Which station? Kauṅ-sā sṭeṣhan?

3. देअ आ थ्री रेलवे स्टेशन्स इन् दिस् ट्विन-सिटी। इस टिव्न्-सिटी में तीन रेलवे-स्टेशन हैं।
There are three railway stations in this twin-city. Is ṭwin-siṭī meṅ tīn relve-sṭeṣhan haiṅ.

| | |
|---|---|
| 4. आय् मीन् द' सिकंदराबाद रेलवे स्टेशन। | मेरा मतलब सिकंदराबाद रेलवे स्टेशन है। |
| I mean the Secunderabad Railway Station. | Merā matlab Sikandrābād relve sṭeṣan hai. |
| 5. ओह'! दॅट्'ज़् रादर् अ लाँग वे। | ओह! वह थोड़ा दूर है। |
| Oh! That's rather a long way. | Oh! Vah thoḍā dūr hai. |
| 6. हाउ फॉ' इज़् इट् फ्रॉम् हिअ'? | कितना दूर? |
| How far is it from here? | Kitnā dūr? |
| 7. अबॉउट् अ माइल'। | करीबन् एक मील। |
| About a mile. | Karīban ek mīl. |
| 8. व्हिच् वे इज़् इट्? | किस रास्ते? |
| Which way is it? | Kis rāste? |
| 9. गो स्ट्रेट् अहेड्। | सीधे जाइये। |
| Go straight ahead. | Sīdhe jāiye. |
| 10. गो टु द' थर्ड् क्रॉस रोड्स। | तीसरे चौक पर जाइये। |
| Go to the third cross-roads. | Tīsre chauk par jāiye. |
| 11. ॲण्ड् टर्न् राइट् ॲट् द' ट्राफिक लाइट। | और वहाँ ट्राफिक लाइट के दायें मुड़िये। |
| And turn right at the traffic light. | Aur vahāṅ ṭrāfic lāiṭ ke dāyeṅ muḍiye. |
| 12. दॅट् रोड् लीड्स टु द' सिकंदराबाद स्टेशन। | वह रास्ता सिकंदराबाद स्टेशन जाता है। |

That road leads to the Secunderabad Station. — Vaḿ rāstā Sikandrābād́ sṭeṣhan jātā hai.

13. थैंक् यू वेरी मच्। — धन्यवाद! आपका बहुत-बहुत धन्यवाद!

Thank you, very much! — Dhanyavād́! Āṕkā bahut-bahut dhanyavād́!

14. नॉट् अॅट् ऑल। — कतई जरूरत नहीं।

Not at all. — Kataī jarūrat nahīṅ.

## रेलवे-यात्रा : Journey by Train

### आरक्षण : Reservation

1. कॅन् आय् गेट् अ रिज़र्वेशन ऑन द' मीनार एक्सप्रेस? — मीनार एक्सप्रेस का रिज़र्वेशन मिलेगा क्या?
   Can I get a reservation on the Minar Express? — Mīnār expres kā rizarveshan milegā kyā?
2. व्हॉट् क्लास? — किस दर्जे का?
   What class? — Kiś darje kā?
3. द' सेकंड् क्लास। — दूसरे दर्जे का।
   The second class. — Dūśre darje kā.
4. सरटेन्ली। — हाँ, मिलेगा।
   Certainly. — Hāṅ, milegā.
5. व्हेन् डू यू वांट् टु गो? — कब जाना है?
   When do you want to go? — Kab́ jānā hai?
6. ऑन् द' फिफ्थ्। — पाँच तारीख को।
   On the fifth. — Pāṅcḿ tārīkḿ ko.

7. सॉरी, ऑल सीट्स् आ' बुक्ड् अप'टु द' एट्थ्।
Sorry, all seats are booked upto the eighth.

आठ तारीख तक के सभी टिकट बुक हो चुके हैं।
Āṭh́ tārīkh́ taḱ ke sabhi ṭikaṭ́ buḱ ho chuke haiṅ.

8. बुक् मी फॉ' द' नाइन्थ्।
Book me for the ninth.

नौ तारीख का टिकट दीजिये।
Nau tārīkh́ kā ṭikaṭ dījiye.

9. हाउ मेनी?
How many?

कितने टिकट चाहिये?
Kitne ṭikaṭ chāhiye?

10. जस्ट वन।
Just one.

सिर्फ एक।
Sirph́ ek.

11. विल् यू हॅव इट् जस्ट् नाउ?
Will you have it just now?

अभी टिकट लेंगे क्या?
Abhī ṭikaṭ leṅge kyā?

12. यस्, जस्ट नाउ।
Yes, just now.

हाँ, अभी।
Hāṅ, abhī.

## ट्रेन में : In the Train

13. डज़् द' मीनार एक्सप्रेस् लीव' इन् टाइम'?
Does the Minar Express leave in time?

क्या मीनार एक्सप्रेस समय पर छूटेगी?
Kyā mīnār expreś samay par chhūṭegī?

14. यस्, इट् विल् लीव् इन् टाइम्।
Yes, it will leave in time.

हाँ, वह समय पर छूटेगी।
Haṅ, vaḿ samay par chhūṭegī.

15. बट्, लेट् अस् सी, द' न्यू टाइम-टेबल केम् इन्टु ऑपरेशन जस्ट् यस्टरडे।

मगर देखें, नयी समय-सारणी कल ही आयी है।

| | |
|---|---|
| But, let us see, the new time-table came into operation just yesterday. | Magar dekheṅ, nayī samay sāriṇī kal hī āyī hai. |
| 16. इज़् देअ' एनि चेंज् इन् टाइम्? | समय में कोई परिवर्तन तो नहीं है? |
| Is there any change in time? | Samay meṅ ko-ī parivartan to nahiṅ hai? |
| 17. नो, देअ' इज़् नो चेंज़् इन् टाइम्। | नहीं, कोई परिवर्तन नहीं। |
| No, there is no change in time. | Nahīṅ, ko-ī parivartan nahīṅ. |
| 18. ऑन विच प्लॅटफॉर्म विल् द' ट्रेन् बी कमिंग् ऑन? | गाड़ी किस प्लेटफार्म पर आयेगी? |
| On which platform will the train be coming on? | Gāḍī kis plaṭfārm par āyegī? |
| 19. ऑन् नंबर् टु। | दो नंबर पर। |
| On number two. | Do nambar par. |
| 20. पोर्टर्, टेक् द' लगेज व्हाट्'ज़ द' नंबर? | ऐ कुली, सामान उठाओ; नंबर क्या है? |
| Porter, take the luggage; what's the number? | Ai kulī, sāmān uṭhā-o; namber kyā haī? |
| 21. व्हेअ' आ' यू गोइंग्? | आपको कहाँ जाना है? |
| Where are you going? | Āpko kahāṅ jānā haī? |
| 22. मुम्बई। | मुम्बई। |
| Mumbai. | Mumbai. |
| 23. व्हेन् विल् द' ट्रेन् रीच् मुम्बई? | गाड़ी मुम्बई कितने बजे पहुँचेगी? |

| | |
|---|---|
| When will the train reach Mumbai? | Gāḍī Mumbai kitne baje pahuṅchegī? |
| 24. अॅट् फों अर्ली इन् द मॉर्निंग्। | बड़ी सुबह (तड़के) चार बजे। |
| At four early in the morning. | Baḍi subaĥ (taḍke) chār baje. |

## ट्रेन से उतरना : Alighting from the Train

| | |
|---|---|
| 25. आय् से, पोर्टर्। | ए कुली। |
| I say, porter. | Ei kulī. |
| 26. कमिंग् सर्! | आया साहब! |
| Coming sir! | Āyā sāĥb́! |
| 27. यस्, सर्! | क्या हुक्म है, साहब! |
| Yes, sir! | Kyā huḱm hai, sāhb́! |
| 28. रिमूव द लगेज़्। | मेरा सामान उठाओ। |
| Remove the luggage. | Merā sāmāń uṭhā-o. |
| 29. दोज़् टू सूटकेसिस् अॅण्ड दिस् सुराही। | वे दो सूटकेस और यह सुराही। |
| Those two suitcases and this surahi. | Ve do sūtkes aur yaĥ surāhī. |
| 30. व्हाट्स यों नंबर? | तुम्हारा नंबर क्या है? |
| What's your number? | Tumhārā naṁbar kyā hai? |
| 31. टेक् मी टु द टॅक्सी-स्टॅण्ड्। | टैक्सी-स्टैण्ड ले चलो। |
| Take me to the taxi-stand. | Taxi stand le chalo. |
| 32. हाउ मच् टु पे? | कितने पैसे देने हैं? |
| How much to pay? | Kitne paise dene haiṅ? |

| | |
|---|---|
| 33. हैव दिस मनी। | ये लो पैसे। |
| Have this money. | Ye lo paise. |
| 34. कीप् इट् ऑल् फॉ´ यू। | सभी तुम रख लो। |
| Keep it all for you. | Sabhī tum rakh lo. |
| 35. थैंक् यू सो मच्, सर्! | साहब, आपका मैं अत्यंत आभारी हूँ! |
| Thank you, so much, sir! | Sāh́b āṕkā maiṅ atyant ābhārī hūṅ! |

## बस से यात्रा : Journey by Bus

| | |
|---|---|
| 1. व्हेअ इज़् द´ बस् स्टैण्ड? | बस स्टैण्ड कहाँ है? |
| Where is the bus stand? | Bas stanď kahāṅ hai? |
| 2. व्हेअ´ इज़् द´ इंक्वायरी ऑफिस? | इन्क्वायरी ऑफिस कहाँ है? |
| Where is the inquiry Office? | Inqvāyarī Āphis kahāṅ hai? |
| 3. व्हेअ´ कॅन् वी गेट् अ बस् टु चार मीनार? | चार मीनार के लिए बस कहाँ मिलेगी? |
| Where can we get a bus to Char Minar? | Chār Mīnāŕ ke lie bas kahāṅ milegī? |
| 4. विच नम्बर बस गोज़ टू चार मीनार? | किस नंबर की बस चार मीनार जाती है? |
| Which number bus goes to Char Minar? | Kis naṁbar kī baś Chār Mīnār jātī hai? |
| 5. व्हाट् बस् डू आय् टेक् टु | चार मीनार के लिए वाया |

| | | |
|---|---|---|
| | चार मीनार वाया सालार जंग म्युजियम?<br>What bus do I take to Char Minar via Sālār Jung Museum? | सालार जंग म्युज़ियम कौन-सी बस है?<br>Chār Mīnār ke li-e vāyā Sālār Jūṅg Muziyam kaun sī bas hai? |
| 6. | व्हेन् इज़् द नेक्स्ट् बस्?<br>When is the next bus? | अगली बस कब है?<br>Agalī bas kab hai? |
| 7. | ह्वेयर डू वी हैव टु चेंज़् द बस?<br>Where do we have to change the bus? | बस कहाँ बदलनी होगी?<br>Bas kahaṅ badalnī hogī? |
| 8. | हाऊ लाँग् डज़् इट् टेक् टु चार मीनार?<br>How long does it take to Char Minar? | ये चार मिनार तक कितना वक्त लेती है?<br>Ye Chār Mīnār tak kitnā vakt letī hai? |
| 9. | कंडक्टर, डज़् दिस् बस् गो टु चार मीनार?<br>Conductor, does this bus go to Char Minar? | कंडक्टर, यह बस चार मीनार जाती है क्या?<br>Kandakṭar, yah bas Chār Mīnār jātī hai kyā? |
| 10. | यस् सर्, इट् डज़्, बट् गोज़ वाया काचीगुडा स्टेशन।<br>Yes sir, it does, but goes via Kacheguda station. | जी, मगर यह काचीगुडा स्टेशन होकर जाती है।<br>Jī, magar yah Kāchīguḍā sṭeshan hokar jātī hai. |
| 11. | ओ! दॅट् डज़न्ट् मैटर।<br>Oh! That doesn't matter. | कोई बात नहीं।<br>Ko-ī bāt nahīṅ. |

12. गेट् इन प्लीज़्, सर।
Get in please, sir.

अंदर आइये, साहब!
Aṇdar ā-e-ye, Sāhab!

13. थैंक् यू।
Thank you.

धन्यवाद।
Dhanyavād́.

14. आय् वांट् फोर टिकेट्स टु चार मीनार्।
I want four tickets to Char Minar.

चार मीनार के लिए चार टिकट चाहिए।
Chār Mīnār ke lie chār ṭiket́ chāhi-e.

15. टू फुल् ॲण्ड् टू हाफ्।
Two full and two half.

दो फुल और दो हाफ्।
Do fuĺ aur do hāph.

16. हाउ मच् इज़् द' फेअ' टु चार मीनार?
How much is the fare to Char Minar?

चार मीनार का क्या किराया है?
Chār Mīnār ka kyā kirāyā hai?

17. इज़् इट् हाफ् टिकट् फॉ' अ चाइल्ड्?
Is it half ticket for a child?

बच्चों का आधा टिकट है?
Bachchoṅ kā ādhā ṭikaṭ́ hai?

18. ही इज़् टेन् ॲण्ड् शी इज़् ट्वेल्व।
He is 10 and she is 12.

यह 10 साल का है और यह 12 की।
Yah́ 10 sāĺ kā hai aur yah́ 12 kī.

19. इज़् दिस् सीट् वेकेण्ट्?
Is this seat vacant?

कोई बैठा है?
Ko-ī baiṭhā hai?

20. इज़् दॅट् सीट् फ्री?
Is that seat free?

वह जगह क्या खाली है?
Vah́ jagah́ kyā khālī hai?

21. आय् थिंक् दॅट्स माय् सीट्।
I think that's my seat.

हो न हो, यह मेरी सीट् है।
Ho na ho, yah́ merī sīṭ hai.

22. हाउ मच् टाइम् विल् इट् टेक् टु चार मीनार?
How much time will it take to Char Minar?

चार मीनार के लिए कितना वक्त लेगी?
Chār Mīnāŕ ke li-e kit́nā vaḱt legī?

23. कॅन् यू टेल् मी व्हेन वी गेट् टु चार मीनार?
Can you tell me when we get to Char Minar?

हम चार मीनार कब पहुँचेंगे?
Haḿ Chāŕ Mīnāŕ kab́ pahuṅcheṅge?

24. व्हाट् स्टॉप् इज़् दिस्?
What stop is this?

यह कौन-सा स्टॉप है?
Yah́ kon-sā sṭăṕ hai?

25. विल यू टेल मी, ह्वेन टू गेट आफ?
Will you tell me, when to get off?

क्या आप हमें बताऐंगे कि कब उतरना है?
Kyā āp hameṅ batāyeṅge ki kab́ utarnā hai?

26. वी वांट् टु गेट् ऑफ् अॅट् चार मीनार।
We want to get off at Char Minar.

हमें चार मीनार उतरना है।
Hameṅ Chāŕ Mīnāŕ utarnā hai.

27. प्लीज़् लेट् अस् गेट ऑफ् अॅट् द नेक्स्ट स्टॉप्।
Please let us get off at the next stop.

अगले स्टॉप् पर उतरना है।
Aǵle stăp paŕ utaŕnā hai.

## टैक्सी से यात्रा : Journey by Taxi

| | | |
|---|---|---|
| 1. | गेट् मी अ टॅक्सी, प्लीज़्। | कृपया एक टैक्सी बुलायें/ मँगायें। |
| | Get me a taxi, please. | Kripyā ek taxī bulāyeṅ/ maṅgāyeṅ. |
| 2. | टेक् मी टु स्वप्न-सरोवर। | स्वप्न सरोवर ले चलो। |
| | Take me to Svapna-sarovar. | Svapna-sarovar le chalo. |
| 3. | हाउ फॉ′ इज़् इट् टु स्वप्न-सरोवर? | स्वप्न-सरोवर यहाँ से कितनी दूर है? |
| | How far is it to Savpna-sarovar? | Svapna-sarovar yahāṅ se kitnī dūr hai? |
| 4. | टर्न् लेफ्ट्/राइट् अॅट् द′ नेक्स्ट् कॉर्नर्। | अगले मोड़ पर बायें/दायें मुड़ो। |
| | Turn left/right at the next corner. | Agale moḍ par bāyeṅ/ dāyeṅ muḍo. |
| 5. | गो स्ट्रेट् अहेड्। | बिलकुल सीधे जाइये। |
| | Go straight ahead. | Bilkul sīdhe jaiye. |
| 6. | डोंट् ड्राइव सो फास्ट्। | इतनी रफ्तार से मत चलाओ। |
| | Don't drive so fast. | Itnī raftār se mat chalāo. |
| 7. | कुड् यू ड्राइव् मोर् स्लोली? | थोड़ा और धीमे चलाओ। |
| | Could you drive more slowly? | Thoḍā aur dhīme chalāo. |
| 8. | डोंट् वरी, सर्। | Āp phikr na kareṅ, sāhib. |
| | Don't worry, sir. | आप फिक्र न करें, साहब। |

9. आय् अॅम् अॅन् एक्सपर्ट।

मैं सिद्धहस्त हूँ।
मेरा हाथ साफ है।

I am an expert.

Maiṅ sid-dhahast hūṅ.
Merā hāth́ sāph́ hai.

10. व्हाट् बिल्डिंग् इज़् दॅट्, ड्राइवर?
What building is that, driver?

वह इमारत कौन-सी है, ड्राइवर?
Vah́ imārat́ kaun-sī hai drāivar?

11. वन्स दॅट् वाज़् द किंग्स् पैलेस्।
Once that was the king's palace.

कभी वह राजा का महल था।
Kabhī vah́ rājā kā mahaĺ thā.

12. नाउ, दॅट्'स द यूनिवर्सिटी।
Now, that's the university.

आज वह यूनिवर्सिटी है।
Āj vah́ yūnivarsiṭī hai.

13. शैल् आय् स्टॉप् हिअ'?
Shall I stop here?

यहाँ रोकूँ क्या?
Yahāṅ rokūṅ kyā?

14. टु हैव् अ लुक् अॅट् द'
फेमस् पैलेस।
To have a look at the famous palace.

प्रसिद्ध राजमहल देखने के लिए।
Prasiddha rājmahaĺ dekh́ne ke li-e.

15. नॉट् नाउ, फर्स्ट् लेट अस गो
टु द' होटल्।
Not now, first let us go to the hotel.

अभी नहीं, पहले होटल चलो।
Abhī nahīṅ, pah́le hoṭaĺ chalo.

16. आल राइट्, सर्।
All right, sir.

बहुत अच्छा, साहब!
Bahut́ achchhā, Sāh́b́!

17. वी आ' नाउ एंटरिंग् इन्
द' स्वप्न सरोवर, सर्।

अब हम स्वप्न-सरोवर में
प्रवेश कर रहे हैं, साहब।

| | |
|---|---|
| We are now entering in the Svapna-sarovar, sir. | Ab́ haḿ Svapna-sarovaŕ meṅ pravesh kar rahe haiṅ, sāh́b́. |
| 18. आ' वी? आय् नेव्ह' न्यू इट् वाज़् सो निअ'। | अच्छा! मुझे पता नहीं था कि इतने पास है? |
| Are we? I never knew it was so near. | Achchhā! mujhe patā nahīṅ thā ki ítne pās hai! |
| 19. इज़् इट् अ गुड् वन्? | यह अच्छा है क्या? |
| Is it a good one? | Yah achchhā hai kyā? |
| 20. सर्टेन्ली, सर्, इट् इज़ व्हेरी पॉश। | बिला शक, साहब, ये बहुत ही आले दर्जे का है। |
| Certainly, sir, it is very posh. | Bilā shaḱ, Sāhab́, ye bahut́ hī āle darje kā hai. |
| 21. स्टॉप् हिअ', प्लीज़्। | रोको यहाँ। |
| Stop here, please. | Roko yahāṅ. |
| टेक् मी टु दिस एड्रेस/होटल/गुरुद्वारा/धर्मशाला। | मुझे इस पते पर होटल/गुरुद्वारा/धर्मशाला ले चलो। |
| Take me to this address/hotel/Gurudvārā Dharmshālā. | Mujhe is pate par hotel/Gurudwārā/Dharamshālā le chalo. |
| 22. कुड् यू हेल्प् टु कैरी माय् बैग्स्? | बैग उठाने में मेरी मदद करेंगे? |
| Could you help to carry my bags? | Bag uṭhāne meṅ merī madad́ kareṅge? |
| 23. आय् म् इन् अ हरी। | मैं ज़रा जल्दी में हूँ। |
| I'm in a hurry. | Maiṅ zarā jaldī meṅ hūṅ. |

24. हाउ मच्?
How much?

कितने पैसे?
Kitne paise?

25. हिअ' इट इज़।
Here it is.

ये लो।
Ye lo.

26. हिअ'-ज़ द' चेंज्, सर्।
Here's the change, sir.

बाकी पैसे ये रहे, साहब।
Bākī paise ye rahe, sāhab'.

27. कीप् इट् फॉ' यू।
Keep it for you.

यह तुम्हारे लिए है।
Yah' tumhāre li-e hai.

28. सो काइंड् ऑफ् यू, सर्।
So kind of you, sir.

आपकी बड़ी मेहरबानी, साहब।
Āp'kī baḍī meharbānī, sāhab'.

29. थैंक् यू, सर्।
Thank you, sir.

धन्यवाद, साहब।
Dhanyavād, sāhab'.

## स्टीमर-बोट् से यात्रा :
## Journey by Steamer-boat

1. इट् इज़् वेरि विंडी।
It is very windy.

हवा ज़ोर से बह रही है।
Havā zor se bah' rahī hai.

2. द' सी इज़् रफ्।
The sea is rough.

समुद्र तूफानी है।
Samudr tūphāni hai.

3. व्हेअ' इज़् द' बोट्?
Where is the boat?

नाव कहाँ है?
Nāv kahāṅ hai?

4. द' बोट् इज़ सिंकिंग्।
The boat is sinking.

नाव डूब रही है।
Nāv' ḍūb' rahī hai.

5. व्हेअ' इज़् द' क्रयू?
Where is the crew?
माँझी कहाँ है?
Māṅjhī kahāṅ hai?

6. ही लेफ्ट् द' बोट् ॲण्ड् रैन् अवे।
He left the boat and ran away.
वह नाव छोड़कर भाग गया।
Vah́ nāv́ chhoḍkar bhāg gayā.

7. टुडे, द' सी इज़् काम्।
Today, the sea is calm.
आज समुद्र शांत है।
Āj́ samudr shānt́ hai.

8. दिस् इज़् अ गुड् बोट्।
This is a good boat.
यह अच्छी नाव है।
Yah́ achchhī nāv́ hai.

9. हाउ मेनि पॅसेंजर्स् आ' देअ'?
How many passengers are there?
इसमें कितने यात्री हैं?
Is meṅ kiťne yātrī haiṅ?

10. आय् डु नॉट् नो।
I do not know.
मुझे मालूम नहीं।
Mujhe mālūm nahīṅ.

11. कॅन् यू सी द स्टीमर्?
Can you see the steamer?
आप जहाज़ देख सकते हैं?
Āṕ jahāẓ́ dekh́ saḱte haiṅ?

12. व्हेन् डज़् द' नेक्स्ट् स्टीमर् स्टार्ट्?
When does the next steamer start?
दूसरा जहाज़ कब रवाना होगा?
Dūsrā jahāẓ́ kab́ ravānā hogā?

13. इज़् देअ' अ स्टीमर्–बोट् रनिंग् फ्रॉम् हिअ' टु एलिफॅण्टा।
Is there a steamer-boat
यहाँ से एलिफैंटा तक जाने को स्टीमर मिल सकता है?
Yahāṅ se Eliphaiṇṭā

running from here to Elephanta? | taḱ jāne ko sṭīmar miĺ saḱtā hai?

14. हाउ मेनि टाइम्स अ डे?
How many times a day?
दिन में कितनी बार?
Din meṅ kiťnī bār?

15. व्हाट् इज़् द' फेअ'?
What is the fare?
भाड़ा क्या है?
Bhāḍā kyā hai?

16. कॅन् आय् गेट् समथिंग् टु ईट्?
Can I get something to eat?
खाने को कुछ मिलेगा?
Khāne ko kuchh́ milegā?

## बैंक से संबंधित : Related to Bank

1. मे आय् कम्' इन्?
May I come in?
क्या मैं अंदर आ सकता हूँ?
Kyā maiṅ andar ā saktā hūṅ?

2. सर्टेन्लि।
Certainly.
अवश्य।
Avaśhya.

3. टेक्' यॉ'र सीट्, प्लीज़्।
Take your seat, please.
कृपया बैठिये।
Kriṕya baiṭhiye.

4. थैंक्स्।
Thanks.
धन्यवाद।
Dhanyavād.

5. व्हाट् कॅन् आय् डू फॉ'र यू?
What can I do for you?
कहिये, क्या आज्ञा है?
Kahiye, kyā āgyā hai?

6. आय् वांट् टु ओपन् ॲन अकॉउंट इन यों बैंक।
I want to open an account in your bank.
मैं आपके बैंक में खाता खोलना चाहता हूँ।
Maiṅ āṕke baiṅḱ meṅ khātā khoĺnā chāh́tā hūṅ.

| | | |
|---|---|---|
| 7. | यू आ' वार्म्लि वेल्कम्ड्, सर्! | आपका सहर्ष स्वागत है, साहब! |
| | You are warmly welcomed, sir! | Āṕkā saharṣ svāgaṫ hai, sāhab́! |
| 8. | गिव्व् अस् ॲन् ऑपरचुनिटि टु सर्व यू। | हमें सेवा करने का एक मौका दें। |
| | Give us an opportunity to serve you. | Hameṅ sevā karne kā ek maukā deṅ. |
| 9. | व्हिच् टाइप् ऑफ् अकॉउंट् डू यू वांट् टु ओपन्? | किस तरह का खाता खोलना चाहते हैं? |
| | Which type of account do you want to open? | Kiś taraȟ kā khātā kholnā chāȟte haiṅ? |
| 10. | अ सेव्हिंग्ज़् बैंक् अकॉउंट्। | संचय (बचत) खाता। |
| | A Savings Bank Account. | Sañchay (bachaṫ) khātā. |
| 11. | अ पर्सनल् ऑ' जॉइंट् अकॉउंट्? | निजी या संयुक्त? |
| | A personal or joint account? | Nijī yā saṅyukṫ? |
| 12. | पर्सनल्, प्लीज़्! | निजी, साहब! |
| | Personal, please! | Nijī, sāhab́! |
| 13. | हिअ'-ज़् द' फॉर्म्, फिल् इट् अप्, ॲण्ड् गेट् इंट्रॉड्यूस्ड बाय् अ पर्सन् व्हू हॅज् हिज एकाउंट् इन दिस बैंक। | यह रहा फार्म, इसे भरिये और एक ऐसे व्यक्ति से हस्ताक्षर लें जिसका इस बैंक में खाता हो। |
| | Here's the form, fill it up, and get introduced by a person who has his | Yaȟ rahā fārm, ise bhariye aur ek ai-se vyakti se hastāksar leṅ |

| | |
|---|---|
| account in this bank. | jiśkā is baiṅk meṅ khātā ho. |
| 14. थैंक यू। | धन्यवाद। |
| Thank you. | Dhanyavād. |

## बैंक से पैसे निकालना : Withdrawal of the Money

| | |
|---|---|
| 1. प्लीज़्, गिव् मी अ विद्ड्राअल् फॉर्म्। | कृपया विड्राअल फार्म दें। |
| Please, give me a withdrawal form. | Kripýā vidṛāal fārm deṅ. |
| 2. हैव् यू ब्रॉट् यॉर् पासबुक्? | पासबुक लाये हैं क्या? |
| Have you brought your Passbook? | Pāsbuk lāye haiṅ kyā? |
| 3. यस् सर्, हिअ–ज़् माय् पासबुक्। | जी हाँ, ये रहा पासबुक। |
| Yes sir, here's my Passbook. | Jī hāṅ, ye rahā pāsbuḱ |
| 4. टेक् दिस् टोकन्, प्लीज़्। | यह टोकन लीजिये। |
| Take this token, please. | Yaḿ ṭokaṅ lījiye. |
| 5. यू विल् गेट् द मनि ॲट् द नेक्स्ट् विंडो। | पैसे अगली खिड़की पर मिलेंगे। |
| You will get the money at the the next window. | Paise agalī khiḍkī par mileṅge. |
| 6. प्लीज़् बी सीटेड् फॉ अ व्हाइल्। | थोड़ी देर बैठिये। |
| Please, be seated for a while. | Thoḍī der baiṭhiye. |

| | | |
|---|---|---|
| 7. | ट्वन्टि–फाइव नंबर, प्लीज़्।<br>Twenty-five number, please. | नंबर पच्चीस।<br>Nambar pachchīs. |
| 8. | यस्, सर।<br>Yes, sir. | हाँ, जी।<br>Hāṅ, jī. |
| 9. | गिव् मी द टोकन, प्लीज़्।<br>Give me the token, please. | टोकन दें।<br>Ṭokan deṅ. |
| 10. | वुड् यू लाइक् टु हैव् हंड्रेड् रुपीज़् नॉट्स्?<br>Would you like to have hundred rupees notes? | क्या आप सौ–सौ रुपये के नोट लेना चाहेंगे?<br>Kyā āp sau-sau rupye ke note lenā chāheṅge? |
| 11. | विल् डू।<br>Will do. | चलेगा।<br>Chalegā. |
| 12. | थैंक् यू।<br>Thank you. | धन्यवाद।<br>Dhanyavād. |

## बैंक में पैसे जमा कराना : Deposit of Money in the Bank

| | | |
|---|---|---|
| 1. | आय् वांट् टु डिपॉसिट् सम् मनि।<br>I want to deposit some money. | पैसे जमा करने हैं।<br>Paise jamā karne haiṅ. |
| 2. | प्लीज़्, टेक् दैट् फॉर्म अॅण्ड फिल् इट् अप्।<br>Please, take that form and fill it up. | वह फॉर्म लीजिये और भरकर दीजिये।<br>Vah fārm lījiye aur bhar kar dījiye. |

| | |
|---|---|
| 3. टेक् दिस् फॉर्म् ॲण्ड् द' मनि, प्लीज़्। | यह फार्म और ये पैसे लीजिये। |
| Take this form and the money, please. | Yah́ fārm aur ye paise lījiye. |
| 4. प्लीज़् राइट् हिअ' ऑन् व्हूज़ नेम् द' अमाउंट इज़् टु बी क्रेडिटेड् टू. | यहाँ लिखें कि किसके नाम यह रकम जमा करनी है। |
| Please write here, on whose name the amount is to be credited to. | Yahāṅ likheṅ ki kiske nām yah́ rakam jamā kaŕnī hai. |
| 5. थैंक्स। | धन्यवाद। |
| Thanks. | Dhanyavād́. |
| 6. टेक् दिस् रिसीट्, प्लीज़्। | यह रसीद लीजिये। |
| Take this receipt, please. | Yah́ rasīd́ lījiye. |

**बैंक में चेक जमा करना : Crediting the Cheque in the Bank**

| | |
|---|---|
| 1. आय् वांट् टु क्रेडिट् दिस् चेक् टु माय् अकॉउंट्। | मैं इस चेक को अपने खाते में जमा करना चाहता हूँ। |
| I want to credit this cheque to my account. | Maiṅ is cheḱ ko apne khāte meṅ jamā karnā chāh́tā hūṅ. |
| 2. व्हेअ' शुड् आय् साइन्? | मुझे कहाँ दस्तखत करने चाहिये? |
| Where should I sign? | Mujhe kahāṅ dast́khat́ karne chāhiye? |

## चेक का भुगतान : Encashment of the Cheque

1. आय् वांट् टु इन्कैश दिस् चेक प्लीज़्।
   I want to encash this cheque, please.
   मुझे इस चेक का भुगतान चाहिये।
   Mujhe is cheḱ kā bhugtāń chāhiye.

2. प्लीज़् साइन् बिहाइंड् द चेक।
   Please sign behind the cheque.
   कृपया चेक के पीछे हस्ताक्षर करें।
   Kripýā cheḱ ke pīchhe hastākṣaŕ kareṅ.

3. हिअ-ज़् टोकन् नं० 52।
   Here's token no. 52.
   यह लीजिये टोकन नं० 52।
   Yaḿ lījiye ṭokań nambar 52.

4. थैंक् यू।
   Thank you.
   धन्यवाद।
   Dhanyavād́.

## बैंक से कर्ज : Loan from a Bank

1. आय् वुड् लाइक टु सी द मैनेजर्।
   I would like to see the manager.
   मुझे मैनेजर से मिलना है।
   Mujhe mainejar se mil'nā hai.

2. गो टु द रूम् ओव- देअ।
   Go to the room over there.
   सामने वाले कमरे में जाइये।
   Sāmne vāle kamre meṅ jāyiye.

3. में आय् कम् इन्?
   May I come in?
   क्या मैं अंदर आ सकता हूँ?
   Kyā maiṅ andar ā saḱtā hūṅ?

| | |
|---|---|
| 4. टेल् अस्, व्हाट् वी कॅन् डू फॉ' यू?<br>Tell us, what we can do for you? | कहिये, हम क्या मदद करें?<br>Kahiye, ham kyā madad' kareṅ? |
| 5. कॅन् आय् गेट् अ स्माल् लोन्?<br>Can I get a small loan? | मुझे थोड़ा कर्ज मिलेगा क्या?<br>Mujhe thoḍā karj milegā kyā? |
| 6. यू कॅन् गेट् इट अगेंस्ट् प्लेजिंग् ऑफ् गोल्ड् ऑर्नामेंट्स्।<br>You can get it against pledging of gold ornaments. | सोने के गहने गिरवी रखने पर मिलेगा।<br>Sone ke gah'ne girvī rakh'ne par milegā. |
| 7. व्हाट् इज़् द' रेट् ऑफ् इंटेरेस्ट्?<br>What is the rate of interest? | ब्याज की दर क्या है?<br>Byāj' kī dar kyā hai? |
| 8. नाइन परसेंट्।<br>Nine per cent. | नौ प्रतिशत।<br>Nau pratishat'. |
| थैंक् यू सो मच्, सर्।<br>Thank you so much, sir. | अच्छा जी, धन्यवाद।<br>Achchhā jī, dhanyavād'. |

## डाकघर में: At the Post Office

भारतीय शहरों में डाकघर रविवार के अलावा सप्ताह के बाकी दिनों में 10 बजे सुबह से शाम के 4 बजे तक खुले होते हैं। सरकारी छुट्टियों के दिन वे बन्द होते हैं।

In Indian cities, the post offices are generally opened from 10.00 am to 4.00 p.m., except Sundays. They remain closed on all Government holidays.

| | | | |
|---|---|---|---|
| पोस्ट् ऑफिस | Post Office | डाक–घर | ḍāk ghar |
| मेल–डे | Mail-day | डाक का दिन | ḍāk-kā din |
| पोस्टेज–स्टैम्प | Postage-stamp | डाक–टिकट | ḍāk-ṭiket |
| एन्वेलप् | Envelope | लिफाफा | liphāphā |
| इंलैण्ड–लेटर् | Inland-letter | अंतर्देशीय–पत्र | anterdeshīya-patra |
| पोस्टकार्ड | Postcard | पोस्टकार्ड | posṭkārd |
| मनि ऑर्डर् | Money Order | मनीआर्डर् | manīārḍar |
| लेटर् | Letter | पत्र | patra |
| डिलिवरी | Delivery | वितरण | vitaraṇ |
| एअर्मेल् | Airmail | हवाई डाक | havāīḍāk |
| रजिस्ट्रेशन | Registration | पंजीकरण | panjīkaraṇ |
| रजिस्टर्ड लेटर | Registered letter | पंजीकृत पत्र | panjīkrit patṛa |
| पार्सल् | Parcel | पार्सल् | pārsal |
| एक्नॉलेजमेंट | Acknowle-dgement | पावती | Pāvtī |
| पोस्टमैन | Postman | डाकिया | Ḍākiyā |

1. इज़् द् पोस्ट ऑफिस ओपन, टुडे? — क्या आज पोस्ट ऑफिस खुला है?

   Is the Post Office open, today? — Kyā āj post ăfis khulā hai?

2. यस्, टुडे इज़् मेल्–डे। — हाँ, आज डाक का दिन है।

   Yes, today is mail-day. — Haṅ, Āj ḍāk kā din hai.

3. हाउ फा' इज़् द' पोस्ट ऑफिस फ्रॉम हिअ'? | यहाँ से पोस्ट ऑफिस कितनी दूर है?
How far is the post office from here? | Yahāṅ se posṭ ăfīs kiṭnī dūr hai?

4. अबाउट् फाइव्ह मिनट्स् वाक्। | पाँच मिनट का रास्ता है।
About five minutes walk. | Pāṅch minaṭ kā rāstā hai.

5. गो टु द् नेक्सट् कॉर्नर् अण्ड् टर्न लेफ्ट्। | अगले मोड़ तक जाकर बाएँ मुड़ जाइये।
Go to the next corner and turn left. | Agle moḍ tak jākar bāeṅ muḍ jā-i-ye.

6. सर्, प्लीज़् टेल् मी, द पोस्टेज इट् रिक्वाअर्स्। | साहब, कृपया यह बताइये कि इसके लिए कितना पोस्टेज लगेगा।
Sir, please tell me, the postage it requires. | Sāhab, kripayā yah batāiye ki iske liye kitnā postej lagegā.

7. इज़् इट् अ रजिस्टर्ड-लेटर्? | क्या यह रजिस्ट्री-पत्र है?
Is it a registered-letter? | Kyā yah rajisṭrī-patra hai?

8. यस् सर्, इट् इज़् अ रजिस्टर्ड लेटर्। | जी हाँ, यह रजिस्ट्री-पत्र है।
Yes sir, it is a registered letter. | Jī hāṅ, yah rajisṭrī-patra hai.

9. डू यू वांट् अॅन् अक्नॉलेजमेंट ऑफ दिस लेटर्? | क्या आपको इसकी पहुँच-रसीद चाहिए?

| | |
|---|---|
| Do you want an acknow-ledgement of this letter? | Kyā āṕko iskī pahuṅch-rasīd′ chāhiye? |
| 10. यस् सर्, आय् वांट अॅन् अकनॉलेजमेंट ऑफ इट्। Yes sir, I want an acknowledgement of it. | जी हाँ, मुझे इसकी पहुँच-रसीद चाहिए। Jī hāṅ, mujhe iskī pahuṅch-rasīd chāhiye. |
| 11. व्हाट्स् द् पोस्टेज फॉ′ अ लेटर् टु इंग्लैण्ड? What's the postage for a letter to England? | इंग्लैण्ड की चिट्ठी के लिए कितना टिकट लगेगा? Iṅglenḍ kī chiṭṭhī ke lie kitnā ṭikeṭ lagegā? |
| 12. प्लीज़् गिव् मी अ मनि ऑर्डर फार्म। Please give me a money order form. | एक मनीऑर्डर फार्म दीजिये। Ek′ manīārḍar fārm dījiye. |
| 13. व्हाट्स् द् लेटेस्ट् आवर फॉ′ पोस्टिंग लेटर्स? What's the latest hour for posting letters? | चिट्ठी डाक में डालने का आखिरी समय क्या है? Chiṭṭhī ḍak′ meṅ ḍālne ka ākhirī samay kyā hai? |
| 14. हाउ मेनी डिलिवरीज़् आ′ इन् अ डे? How many deliveries are in a day? | दिन में कितनी बार डिलीवरी होती है? Din meṅ kitnī bār dilīvarī hotī hai? |
| 15. डू आल लेटर्स गो बाय् एअर्मेल्? Do all letters go by airmail? | क्या सभी चिट्ठियाँ एअरमेल से जाती हैं? Kyā sabhī chiṭṭhiyāṅ earmel se jātī haiṅ? |

16. आय् वांट टु सेंड् दिस् बाय् एअरमेल।

I want to send this by airmail.

मैं इसे एअर-मेल से भेजना चाहता हूँ।

Maiṅ ese earmel̍ se bhejnā chāh́tā hūṅ.

17. व्हाट्'स् द् फी फॉ' रेजिस्टरिंग् अ पार्सल्?

What's the fee for registering a parcel?

पार्सल रजिस्ट्री के लिए कितनी फीस देनी पड़ती है?

Pārsal̍ rajisṭrī ke liye kit́nī fīś denī paḍtī hai?

18. इज़् देअ' एनी मेल् फॉ' मी?

Is there any mail for me?

मेरे नाम से कोई डाक है?

Mere nām̍ se koī ḍāḱ hai?

माय् नेम् इज़् ..........

My name is ........

मेरा नाम ....... है।

Merā nām ...... hai.

19. आय् एक्स्पेक्ट अ लेटर् फ्रॉम् होम'।

I expect a letter from home.

घर से चिट्ठी का इन्तजार है।

Ghar se chiṭṭhī ka int́zār hai.

20. हिअ'-ज़् माय् आइडेंटिटी कार्ड।

Here's my Identity Card.

यह मेरा परिचय-पत्र है।

Yah́ merā parichay-patra hai.

21. द मेल हैज़ जस्ट् अराइव्ड। लॅट मी सी।

The mail has just arrived. Let me see.

डाक अभी आयी है। देखता हूँ।

Ḍāḱ abhī āyī hai. Dekhtā huṅ.

# टेलिफोन पर वार्ता : Telephone Talk

| | |
|---|---|
| टेलिफोन नंबर् | Telephone number |
| कॉल् | Call |
| एक्स्टेंशन् | Extension |
| हॅलो | Hello |
| पर्सनल् कॉल् | Personal call |
| टेलिफोन डायरेक्टरी | Telephone directory |
| रिसीवर् | Receiver |
| ऑपरेटर् | Operator |
| इंगेज्ड | Engaged |
| कट् ऑफ् | Cut off |
| ऑउट ऑफ् आर्डर् | Out of order |
| नादुरुस्त | nādurust |
| रॉंग् नंबर | Wrong number |
| ग़लत नंबर | galaṫ nambar |
| नो रिस्पॉन्स | No response |
| प्रतिक्रिया नहीं | Pratikriyā nahīṅ |

1. देअ' इज़् अ टेलिफोन् कॉल फॉ' यू। — आपका (आपके लिये) फोन है।
   There is a telephone call for you. — Āṕkā (āṕke liye) phon hai.
2. देअ' इज़् नो रिस्पॉन्स्। — कोई प्रतिक्रिया नहीं है।
   There is no response. — Koyī pratikriyā nahīṅ hai.

| | | |
|---|---|---|
| 3. | द् लाइन् इज़् इंगेज्ड्।<br>The line is engaged. | लाइन व्यस्त है।<br>Lā-i-n vyasta hai. |
| 4. | द् फोन इज़् आॅउट् ऑफ् ऑर्डर।<br>The phone is out of order. | फोन खराब है।<br>Phon kharāb hai. |
| 5. | व्हाट् नंबर आ यू कालिंग?<br>What number are you calling? | किस नंबर से बात कर रहे हैं?<br>Kis nambar se bāt kar rahe haiṅ. |
| 6. | हेलो! ... इज़ स्पीकिंग।<br>Hello! ... is speaking. | हेलो! ... बोल रहा हूँ।<br>Helo! ... bol rahā hūṅ. |
| 7. | आय् वांट् टु स्पीक् टु मिस्टर ...। वुड् यू प्लीज़् कॉल हिम् ऑन् फोन्?<br>I want to speak to Mr. ... Would you please call him on phone? | मुझे श्री ... से बातें करनी हैं। कृपया आप उन्हें फोन पर बुलायेंगे?<br>Mujhe Mr. ..... se bāteṅ karanī haiṅ. Kṛipaya, āp unheṅ phon par bulāyeṅge? |
| 8. | होल्ड् द लाइन्, प्लीज़्।<br>Hold the line, please. | कृपया, फोन लिये रहें।<br>Kripyā phon liye raheṅ. |
| 9. | हेलो! ही इज़् ऑउट् अॅट् द मोमेंट्।<br>Hello! he is out at the moment. | हेलो! इस समय वे बाहर गये हुए हैं।<br>Helo! is samay ve bāhar gaye huye haiṅ. |
| 10. | व्हेन् ही विल् बी बैक्, प्लीज़् टेल् हिम् टु कॉल् मी। माय् नेम् इज़् .... | जब वे लौटें, कृपया उनसे मुझे फोन करने को कहें। मेरा नाम ..... है। |

| | |
|---|---|
| When he will be back, please tell him to call me. My name is ..... | Jab́ ve lauṭeṅ, kṛiṕyā unse mujhe phon karne ko kaheṅ. Mera nām ..... hai. |

11\. वुड् यू प्लीज़् ट्राय् अगेन्?

आप एक बार फिर कोशिश करें?

| | |
|---|---|
| Would you please try again. | Āṕ eḱ bār fir koṣiṣ kareṅ. |

## तारघर में : At the Telegraph Office

| | | | |
|---|---|---|---|
| टेलिग्राम | telegram | तार | tāŕ |
| टेलिग्राफ ऑफिस् | telegraph office | तार ऑफिस् | tāŕ ăfis |
| टेलिग्राम फॉर्म | telegram form | तार का फार्म | tāŕ kā fārḿ |
| एक्सप्रेस् | express | एक्सप्रेस | expreś |
| ऑर्डिनरी | ordinary | ऑर्डिनरी | ārḍinarī |
| परवर्ड | per word | प्रति शब्द | Prati-śhaḃd |
| केबल् | cable | समुद्री तार | Samudrī tār |
| केबल् ग्राम् | cable grām | समुद्र में से भेजे जाने का तार | Samudra meṅ se bheje jāne kā tār |

1\. व्हेअ इज़् द टेलिग्राफ् ऑफिस्?

तार घर कहाँ है?

| | |
|---|---|
| Where is the Telegraph Office? | Tār-ghaŕ kahāṅ hai? |

2. आय्'व् अ टेलिग्राम् टु सेंड्। मुझे तार करना है।
I've a telegram to send. Mujhe tār karnā hai.

3. मे आय् प्लीज़् हैव् अ फॉर्म्? कृपया टेलिग्राफ फार्म दीजिये।
May I please have a form? Kripyā telegraph fārm dījiye.

4. हाउ मच् इज़् इट् पर वर्ड? प्रति शब्द क्या दर है?
How much is it per word? Parti śhabd kyā dar hai?

5. डू यू वांट टु सेंड् इट् ऑर्डिनरी ऑ' एक्सप्रेस्? आर्डिनरी भेजना चाहते हैं या एक्स्प्रेस?
Do you want to send it ordinary or express? Orḍinarī bhejnā chāhte haiṅ yā expres?

6. एक्स्प्रेस्, सर्। एक्स्प्रेस, साहब!
Express, sir. Expres, sāhab!

7. हाउ लाँग विल् अ केबल टु लंडन टेक्? लंडन केबल करने के लिए कितना समय लगेगा?
How long will a cable to London take? Lanḍan kebal karne ke liye kitnā samay lagegā?

## रेस्टॉरेंट में : At the Restaurant

1. लेट् अस् गो टु सम रेस्टराँ। किसी रेस्तराँ में चलें।
Let us go to some restaurant. Kisī restarāṅ meiṅ chaleṅ.

2. एक्स्क्यूज़् मी, इज़् दैट् टेबल ओव्हर् देअ वेकेंट्? देखिये, वहाँ वह टेबल् खाली है क्या?

| | | |
|---|---|---|
| | Excuse me, is that table over there vacant? | Dekhiye, vahāṅ vaḿ tebaĺ khālī hai kya? |
| 3. | येस् सर्, यू मे टेक् इट्। | जी, उसे आप ले सकते हैं। |
| | Yes sir, you may take it. | Jī, use āṕ le saḱte haiṅ. |
| 4. | सर्, व्हाट् वुड् यू लाइक् टु टेक्? | साहब, आप क्या लेंगे? |
| | Sir, what would you like to take? | Sāhab́! āṕ kyā leṅge? |
| 5. | व्हेअ इज़् द मेनू? | मेनू देखें? |
| | Where is the menu? | Menū dekheṅ? |
| 6. | येस सर्, हिअ इज़् द मेनू। | हाँ, साहब! यह मेनू है। |
| | Yes sir, here is the menu. | Hāṅ, sāhab́! yaḿ menū hai. |
| 7. | सर, व्हाट् वुड् यू लाइक् टु टेक्? | हाँ, साहब! क्या लेना चाहेंगे? |
| | Sir, what would you like to take? | Hāṅ, sāhab́! kyā lenā chāheṅge? |
| 8. | ब्रिंग् कॉफी! | कॉफी लाओ। |
| | Bring coffee. | Kăphī lā-o. |
| 9. | व्हाट् टाइप् ऑफ् कॉफी? | कौन-सी कॉफी? |
| | What type of coffee? | Kaun-sī kăphī? |
| 10. | आय् वांट् हॉट् कॉफी। | गरम कॉफी। |
| | I want hot coffee. | Garam kăphī. |
| 11. | विल् यू टेक् एनिथिंग् टु ईट्? | कुछ खाने को लेंगे, साहब? |

| | |
|---|---|
| Will you take anything to eat? | Kuchh khāne ko leṅge, Sāhab́? |
| 12. लिसन्, फर्स्ट् ब्रिंग् टू प्लेट्'स् ऑफ पनीर पकौड़ा अॅण्ड् देन् टू प्लेट्स ऑफ् व्हेजिटेबल कटलेट्। आफ्टर देट् यू मे ब्रिंग् टू कप्स् ऑफ् हॉट कॉफी। | सुनो, पहले दो प्लेट पनीर पकौड़ा लाओ बाद में दो प्लेट् व्हेजिटेबल् कटलेट्। आखिर में दो प्याली गरम-गरम कॉफी लाना। |
| Listen, first bring two plates of paneer pakauḍā and then two plates of vegetable cutlet. After that you may bring two cups of hot coffee. | Suno, paȟle do plet panīr pakauḍā lā-o bād́ meṅ do pleṭ vegiṭebal kaṭ́let. Ākhir meṅ do pyālī garam-garam kăphī lānā. |
| 13. इज़् दिस् आल् यू वांट्, सर्! | क्या यही है जो आप चाहते हैं साहब! |
| Is this all you want, sir! | Kyā yahī hai jo Āṕ chāȟte haiṅ, sāhab́! |
| 14. ब्रिंग् इट् क्विक्लि, प्लीज़्। | जरा जल्दी ले आओ। |
| Bring it quickly, please. | Jarā jaldī le ā-o. |
| 15. येस्, सर्। | जी, साहब! |
| Yes, sir. | Jī, sāhab́! |
| 16. हिअ' इज़् पनीर् पकौड़ा, सर। | पनीर् पकौड़ा, साहब! |
| Here is paneer pakauḍa, sir. | Panīr pakauḍā, sāhab! |
| 17. माइट् आय् ट्रबल् यू फॉ' साल्ट्? | ज़रा इधर नमक सरकायेंगे? |

| | |
|---|---|
| Might I trouble you for salt? | zarā idhar namak sarkāyeṅge? |
| 18. हिअ′ इज़् वेजिटेबल्′ कट्लेट्, सर्! | व्हेजिटेबल कटलेट्, साहब! |
| Here is vegetable cutlet, sir! | Vegiṭebal′ kaṭlet, sāhab′! |
| 19. एनिथिंग् मोर्, सर्? | और कुछ, साहब! |
| Anything more, sir? | Aur kuchh′, sāhab′? |
| 20. नाउ, यू ब्रिंग हौट् कॉफी। | अब गरम-गरम कॉफी लाओ। |
| Now, you bring hot coffee. | Ab′ garam′-garam′ kăphī lā-o. |
| 21. विद् क्रीम् ऑर विदाउट् क्रीम? | क्रीम के साथ या बिना क्रीम की? |
| With cream or without cream? | Krīm ke sāth′ yā binā krīm kī? |
| 22. विद् क्रीम्। | क्रीम के साथ। |
| With cream. | Krīm ke sāth. |
| 23. बी क्विक्, प्लीज़्। | जल्दी करो, भाई। |
| Be quick, please. | Jaldī karo, bhā-ī. |
| 24. हिअ′ इज़् हॉट् कॉफी, सर्! | गरम-गरम कॉफी, साहब! |
| Here is hot coffee, sir! | Garam′-garam′ kăphī, sāhab′! |
| 25. ब्रिंग् द′ बिल् आफ्टर् टेन् मिनट्स्। | दस मिनट के बाद बिल लाना। |
| Bring the bill after ten minutes. | Das minaṭ ke bād bil′ lānā. |

| | | |
|---|---|---|
| 26. | इट् इज़् यॉ' बिल्, सर्। <br> It is your bill, sir. | यह आपका बिल, साहब। <br> Yaḿ āpakā bil', sāhab'. |
| 27. | टेक्' दिस् फिफ्टि रुपीज़् नोट्'। <br> Take this fifty rupees note. | यह पचास का नोट ले जाओ। <br> Yaḿ pachās' kā noṭ le jā-o. |
| 28. | हिअ' इज़् यॉ' रिमेनिंग् मनि, सर्। <br> Here is your remaining money, sir. | बाकी के रुपये, साहब! <br> Bākī ke rupye, sāhab'! |
| 29. | हिअ' इज़् द' टिप् फॉ' यू। <br> Here is the tip for you. | यह तुम्हारी बख्शीश है। <br> Yaḿ tumhārī backh'ṣịṣ hai. |
| 30. | थैंक् यू, सर्! <br> Thank you, sir! | धन्यवाद, साहब! <br> Dhanyavād, sāhab'! |

## होटल में : At the Hotel

| | | |
|---|---|---|
| 1. | विजिटर– गुड् मार्निंग्, सर्! <br> Visitor— Good morning, sir! | आगंतुक– नमस्ते जी! <br> Āgantuk'— Namaste Jī! |
| 2. | रिसेप्शनिस्ट्– गुड् मॉर्निंग्, सर्। <br> Receptionist—Good morning, sir! | स्वागतकर्ता–नमस्ते, साहब! <br> Svāgat'kartā—Namaste, sāhab'! |
| 3. | विजिटर्– कॅन् आय् हॅव्ह् अ रूम्? | आगंतुक– क्या एक कमरा मिलेगा? |

| | | |
|---|---|---|
| | Visitor— Can I have a room? | Āgantuk— Kyā ek kamrā milegā? |
| 4. | रिसेप्शनिस्ट्– सर्टेन्लि, मे आय् नो यॉ– गुड् नेम्, प्लीज़्। | स्वागतकर्ता– अवश्य! आपका शुभ नाम? |
| | Receptionist— Certainly, may I know your good name, please? | Svāgatkartā— Avashy! Āpkā shubh nām? |
| 5. | विजिटर्–अविनाश चटर्जी। | आगंतुक–अविनाश चटर्जी। |
| | Visitor—Avinash Chatterji. | Āgantuk— Avināsh Chaṭarjī. |
| 6. | रिसेप्शनिस्ट्– फ्रॉम् व्हेअ हैव्ह् यू कम? | स्वागतकर्ता– आप कहाँ से आये हैं? |
| | Receptionist— From where have you come? | Svāgatkartā— Āp kahāṅ se āye haiṅ? |
| 7. | विजिटर्– फ्रॉम् कोलकाता। | आगंतुक– कोलकाता से। |
| | Visitor— From Kolkata. | Āgantuk— Kolkāta se. |
| 8. | रिसेप्शनिस्ट्– व्हाट् डू यू डू? | स्वागतकर्ता– आपका क्या व्यवसाय है? |
| | Receptionist—What do you do? | Svāgatkartā— Āpkā kyā vyavsāy hai? |
| 9. | विजिटर्– आय् ॲम् रिप्रेसेंटिंग् बंगाल केमिकल कम्पनी। | आगंतुक– मैं बंगाल केमिकल कम्पनी का प्रतिनिधि हूँ। |
| | Visitor— I am representing Bengal Chemical Company. | Āgantuk— Maiṅ Baṅgāl kemīkal kampnī kā pratinidhi hūṅ. |

| | |
|---|---|
| 10. रिसेप्शनिस्ट्– हाउ लाँग डू यू प्लॉन् टु स्टे, सर्? | स्वागतकर्ता– कितने दिन ठहरने का विचार है, साहब? |
| Receptionist— How long do you plan to stay, sir? | Svāgatkartā— Kitne din ṭhaharne kā vichār hai, sāhab? |
| 11. विजिटर्– आय् मे स्टे फॉ' अ वीक्। | आगंतुक–एक सप्ताह। |
| Visitor— I may stay for a week. | Āgantuk— Ek saptāh. |
| 12. रिसेप्शनिस्ट्– व्हिच् टाइप् ऑफ रूम यू विल् लाइक्? | स्वागतकर्ता–कैसा कमरा पसन्द है? |
| Receptionist — Which type of room you will like? | Svāgatkartā— Kaisā kamrā pasand hai? |
| 13. विजिटर्– आय् वुड् लाइक् अ सिंगल रूम विद् बालकनि फेसिंग् द गार्डन्। | आगंतुक– बाग की ओर बरामदे वाला सिंगल कमरा। |
| Visitor— I would like a single room with balcony facing the garden. | Āgantuk— Bāg kī or barāmade vāla singal kamrā. |
| 14. रिसेप्शनिस्ट्–ऑन् व्हिच् स्टोरि? | स्वागतकर्ता– किस मंजिल पर? |
| Receptionist— On which storey? | Svāgatkartā— Kis manjil par? |
| 15. विजिटर्– इट् विल् बी बेटर्, इफ् इट इज़् अॅट् द फर्स्ट फ्लोर्। | आगंतुक– अच्छा रहेगा, अगर पहली मंजिल पर मिल जाए। |

| | |
|---|---|
| Visitor— It will be better, if it is at the first floor. | Āgantuk′— Achchhā rahegā, agar′ pah′lī manjil′ par mil′ jā-e. |
| 16. रिसेप्शनिस्ट्– जस्ट् वेट् अ मिनट्, लेट् मी सी। | स्वागतकर्ता– ज़रा रुकें, मुझे देखने दें। |
| Receptionist— Just wait a minute, let me see. | Svāgat′kartā — Zarā rukeṅ, mujhe dekh′ne deṅ. |
| 17. विजिटर्– मे आय् सी द′ रूम्? | आगंतुक– मैं कमरा देख सकता हूँ? |
| Visitor— May I see the room? | Āgantuk′— Maiṅ kamrā dekh saktā hūṅ. |
| 18. विजिटर्– हॅव्ह′ यू नथिंग् बेटर्? | आगंतुक– क्या इससे अच्छा नहीं है? |
| Visitor— Have you nothing better? | Āgantuk′— Kyā is-se achchhā nahīṅ hai? |
| 19. रिसेप्शनिस्ट्– आल आ′ बुक्ड्। | स्वागतकर्ता– सभी उठ गये हैं। |
| Receptionist— All are booked. | Svāgat′kartā — Sabhī uṭh gaye haiṅ. |
| 20. विजिटर्– वेल्, आइ′ विल टेक′ दिस् रूम्। | आगंतुक– अच्छा, यही कमरा सही। |
| Visitor— Well, I'll take this room. | Āgantuk′— Achchhā, yahī kamrā sahī. |
| 21. विजिटर्– व्हाट् इज़् द′ चार्ज′ फॉ′ दिस् रूम्? | आगंतुक– इस (कमरे) का क्या किराया है? |
| Visitor— What is the charge for this room? | Āgantuk′— Is (kamre) kā kyā kirāyā hai? |

| | |
|---|---|
| 22. रिसेप्शनिस्ट्– रुपीज़् 365/- पर डे, विद् अ ब्रेकफास्ट् अैण्ड टू टी–मॉर्निंग ॲण्ड् इव्हनिंग्। | स्वागतकर्ता–तीन सौ पैंसठ रुपये प्रतिदिन; एक नाश्ते के साथ और सुबह-शाम दो चाय। |
| Receptionist— Rupees 365/- per day, with a breakfast and two tea— morning and evening. | Svāgat́kartā — Tin sau paiṅsaṭh ruṕye pratidin, ek̇ nāśhte ke sātḣ aur subaḥ-ṣhām do chāy. |
| 23. विजिटर्– हैव्ह् आय् टु पे ॲन ॲड्वांस्? | आगंतुक– क्या कुछ पेशगी देनी है? |
| Visitor— Have I to pay an advance? | Āgantuk̇— Kyā kuchḣ peśhgī denī hai? |
| 24. रिसेप्शनिस्ट्– ओह्, नो, सर्। | स्वागतकर्ता– ओह, नहीं, साहब! |
| Receptionist— Oh, no, sir. | Svāgat́kartā — Oh, nahiṅ, sāhab́! |
| 25. विजिटर्– थैंक यू, सो मच्। | आगंतुक– धन्यवाद। |
| Visitor— Thank you so much. | Āgantuk̇— Dhanyavād. |
| 26. विजिटर्– हैव्ह् मॉय लगेज् टेकन् अप् प्लीज़्। | आगंतुक–कृपया मेरा सामान ऊपर आने दें। |
| Visitor— Have my luggage taken up, please. | Āgantuk̇— Kṛiṕyā merā sāmāń ūpar āne deṅ. |
| 27. विजिटर्– व्हेअ मस्ट् आय् लीव माय् की? | आगंतुक–चाभी कहाँ रख छोड़ूँ? |
| Visitor— Where must I leave my key? | Āgantuḱ— Chābhī kahāṅ rakh́ chhoḍūṅ? |

| | |
|---|---|
| 28. व्हेन् डज़् द गेट् ऑफ् हॉटेल क्लोज़? When does the gate of hotel close? | हॉटेल कब बंद होता है? Hoṭal kab band hotā hai? |
| 29. इज़् इट् ओपन् व्होल् नाइट्? Is it open whole night? | क्या रातभर खुला रहता है? Kyā rātbhar khulā rahtā hai? |
| 30. विज़िटर– आय् ॲम् लीविंग् टुमॉरो। Visitor— I am leaving tomorrow. | आगंतुक– कल मैं जा रहा हूँ। Āgantuk— Kal maiṅ jā rahā hūṅ. |
| 31. प्लीज़् गिव् मी द बिल। Please give me the bill. | कृपया बिल बना दें। Kṛipyā bil banā deṅ. |
| 32. विल् यू हॅव् माय् लेटर्स सेंट् ऑन् दिस् अड्रेस्? Will you have my letters sent on this address. | कृपया आप इस पते पर मेरे पत्र भिजवा दें। Kṛipyā āp is pate par mere patra bhijvā deṅ. |
| 33. हॅव् द लगेज़् ब्रॉट् डाउन्। Have the luggage brought down. | सामान नीचे मँगवा लें। Sāmān nīche maṅgvā leṅ. |
| 34. थैंक् यू। Thank you. | धन्यवाद। Dhanyavād. |
| 35. वेल्, वी गो? नमस्ते। Well, we go? Namaste. | अच्छा, जाते हैं, नमस्ते। Achchhā, jāte haiṅ, Namaste. |

36. रिसेप्शनिस्ट्–गुड् बाय्। स्वागतकर्ता–नमस्ते।
Receptionist— Good bye. Svāgatḱarta— Namaste.

# घड़ीसाज़ की दुकान में :
# At the Watchmaker's Shop

1. वाच्मेकर्– गुड् मॉर्निंग्, सर। घड़ीसाज़– नमस्ते, साहब!
Watchmaker— Good morning, sir. Ghaḍīsāź — Namaste, sāhab́!

2. कस्ट'मर्– गुड् मॉर्निंग्। ग्राहक–नमस्ते।
Customer— Good morning. Grāhaḱ— Namaste.

3. वाच्मेकर्– व्हाट् कॅन् आय् डू फॉ' यू, सर? घड़ीसाज़– क्या हुक्म है, साहब?
Watchmaker— What can I do for you, sir. Ghaḍīsāź—Kyā hukm hai, sāhab?

4. कस्ट'मर्– आय् वांट् यू टु ह्वैव् अ लुक् अॅट् माय् वाच्। इट्'स आलवेज़् स्लो। ग्राहक– ज़रा, मेरी घड़ी देखें, यह हमेशा पीछे रहती है।
Customer— I want you to have a look at my watch. It's always slow. Grāhaḱ— Zarā merī ghaḍī dekheṅ, yaḿ hameśhā pīchhe raḿtī hai.

5. वाच्मेकर्– लेट् मी ह्वैव् अ लुक् अॅट् इट्। घड़ीसाज़– देखूँ।
Watchmaker— Let me have a look at it. Ghaḍīsāź— Dekhūṅ.

| | |
|---|---|
| 6. वाच्मेकर्– देअर् इज़् ए लॉट-ऑफ् डर्ट इन इट। इट नीड्स क्लीनिंग्। | घड़ीसाज़– मशीन के अंदर बहुत गंदगी है। इसकी सफाई करनी होगी। |
| Watchmaker— There is a lot of dirt in it. It needs cleaning. | Ghaḍīsāź— Mashīn ke andar bahuť ganďgī hai. Iśkī saphāī karnī hogī. |
| 7. कस्ट॑मर्– हाउ लाँग् विल् इट् टेक्॑? | ग्राहक– कितने दिन लगेंगे? |
| Customer— How long will it take? | Grāhaḱ— Kiťne din lageṅge? |
| 8. वाच्मेकर्– अॅट् लीस्ट् टू डेज़्, सर्। | घड़ीसाज़– कम से कम दो दिन, साहब। |
| Watchmaker— At least two days, sir. | Ghaḍīsāź— Kam se kam do din, sāhab́. |
| 9. कस्ट॑मर्– व्हेन् विल् इट् बी रेडी? | ग्राहक– कब तैयार हो जायेगी? |
| Customer— When will it be ready? | Grāhaḱ— Kab́ taiyār ho jāyegī? |
| 10. वाच्मेकर्– डे आफ्टर् टुमॉरो। | घड़ीसाज़– परसों। |
| Watchmaker— Day after tomorrow. | Ghaḍīsāź — Parsoṅ. |
| 11. कस्ट॑मर्– टुडे इज़् मंडे, टुमॉरो विल् बी टयूस्डे, अॅण्ड् डे आफ्टर् टुमॉरो विल् बी वैंज़् डे। वेल्, आय् शल् कम् अॅण्ड | ग्राहक–आज सोमवार है, कल मंगलवार होगा, और परसों बुधवार होगा। बहुत अच्छा, मैं गुरुवार की शाम को घड़ी लेने आऊँगा। |

कलेक्ट इट् ऑन् थर्स्डडे इवनिंग्।

Customer— Today is Monday, tomorrow will be Tuesday, and day after tomorrow will be Wednesday. Well, I shall come and collect it on Thursday evening.

Grāhaḱ—Āj́ Somvār hai, kaĺ Maṅgaĺvār hogā, aur̃ parsoṇ Budh́vār hogā. Bahut́ achchhā. Maiṅ Guruvār kī shām ko Ghaḍī lene āūṅgā.

12. वाच्मेकर्– वेरी गुड्, सर्, गुड् डे, सर्।

Watchmaker— All right, sir, Good day, sir.

घड़ीसाज़– बहुत अच्छा, साहब! नमस्ते।

Ghaḍīsāź — Bahut́ achchhā, sāhab́! Namaste.

13. कस्टमर्– गुड् डे।

Customer— Good day.

ग्राहक– नमस्ते।

Grāhaḱ—Namaste.

## कपड़े की दुकान में : At the Cloth-shop

1. कस्टमर्– विल् यू शो मी क्लौथ फॉ′ डबलिट्?

Customer— Will you show me cloth for doublet?

ग्राहक– कोई कुरते का कपड़ा दिखायेंगे?

Grāhaḱ—Ko-ī kurte kā kaṕḍā dikhāyeṅge?

2. सेल्समैन्– ऑफ् कोर्स्, व्हिच् क्लॉथ यू वुड् लाइक् टु सी, माँ जी।

विक्रेता– अवश्य, कौन-सा कपड़ा दिखाऊँ, माँ जी!

| | |
|---|---|
| Salesman— Of course, which cloth you would like to see, Mānji? | Vikretā—Avaśhy, kaun-sā kapḍā dikhāūṅ, Māṅjī ? |
| 3. कस्टमर्–टेरिलिन् आ टेरिकॉट्। | ग्राहक – टेरिलिन् या टेरिकॉट्। |
| Customer— Terrylin or terrycot. | Grāhak—Ṭerilin ya ṭerikŏṭ. |
| 4. कॅन् यू शो मी सम मोर? | कुछ और नमूने दिखाएँगे? |
| Can you show me some more? | Kuchh aur namūne dikhāyeṅge? |
| 5. आय् डोंट् लाइक दिस् कलर्। | मुझे यह रंग पसंद नहीं। |
| I don't like this colour. | Mujhe yah raṅg pasand nahīṅ. |
| 6. आय् डोंट् नीड् डार्क् शेड्। | मुझे गाढ़ा रंग नहीं चाहिये। |
| I don't need dark shade. | Mujhe gāṛhhā raṅg nahīṅ chāhiye. |
| 7. शो मी लाइट् शेड्। | हल्का रंग दिखाइये। |
| Show me light shade. | Halkā raṅg dikhā-i-ye. |
| 8. आय् लाइक् द वन् इन द शो-केस्। | मुझे शो-केस् वाला पसंद है। |
| I like the one in the show-case. | Mujhe sho-kes vālā pasand hai. |
| 9. येस्, बट् आय् वांट लाइट् कलर्। | हाँ, मगर मुझे हल्का रंग चाहिये। |
| Yes, but I want light colour. | Hāṅ, magar mujhe Halkā raṅg chāhiye. |

| | |
|---|---|
| 10. दैट्'स् व्हाट् आय् वाज़् लुकिंग् फॉ। That's what I was looking for. | हाँ, वह है जिसकी तलाश में मैं थी। Hāṅ, vah hai jiśkī talāṣh meṅ maiṅ thī. |
| 11. हाउ मच् इज़् दैट् पर् मीटर्? How much is that per metre? | कैसे मीटर दिया? Kaise mīṭar diyā? |
| 12. सेल्स्मैन्– ...... रुपीज् पर मीटर, माँ जी। Salesman— ..... rupees per metre, Mānji. | विक्रेता– ...... रुपये मीटर, माँ जी। Vikretā— ..... Rupýe mīṭar, māṅjī. |
| 13. कस्ट'मर्–मेक्' इट् थ्री मीटर्स। Customer— Make it three metres. | ग्राहक–तीन मीटर फाड़ दें। Grāhak'—Tīn mīṭar' phāḍ deṅ. |
| 14. सेल्समैन्– वुड् यू लाइक् टु हॅव्ह' दुपट्टा विद् इट्? Salesman— Would you like to have dupatta with it? | विक्रेता– इसके साथ दुपट्टा भी लेंगे? Vikretā—Iske sāth' dup'ṭṭā bhī leṅge? |
| 15. कस्ट'मर्–सर्ट्टेन्लि, आय् वांट् सम'थिंग् टु मैच् दिस्। Customer— Certainly, I want something to match this. | ग्राहक–जरूर्, इस कुरती के अनुरूप ही वह चाहिये। Grāhak'—Jarūr, is kur'tī ke anu'rūp' hī vah' chāhiye. |
| 16. सेल्समैन्– एनिथिंग् एल्स्? Salesman— Anything else? | विक्रेता– और कुछ? Vikretā— aur kuchh'? |

17. कस्ट'मर्– नो, नथिंग्, अॅट् प्रेजंट्।
Customer— No, nothing, at present.

ग्राहक – न, अभी कुछ नहीं।
Grāhak— Na, abhī kuchh nahīṅ.

18. प्लीज़्, गिव् मी द' बिल्।
Please, give me the bill.

कृपया, बिल दे दीजिए।
Kṛipyā, bil de dījie.

19. प्लीज़, टेक इट।
Please, take it.

ये लीजिए।
Ye lījie.

20. सेल्समैन्– थैंक् यू।
Salesman— Thank you.

विक्रेता– धन्यवाद।
Vikretā— Dhanyavād.

21. माँ जी! नमस्ते!
Manjī! Namaste.

माँ जी! नमस्ते!
Māṅjī! Namaste.

## शाक-सब्जी की दुकान में :
## At the Greengrocer's Shop

1. एक्स्क्यूज़् मी सर्, व्हेअ' कॅन आय् फाइंड् वेजिटेबल्स्?
Excuse me, sir, where can I find vegetables?

माफ कीजिये, साहब, शाक-सब्जी कहाँ मिलेंगी?
Māph kījiye, Sāhab, śhāk-sabjī kahāṅ mileṅgī?

2. अबॉउट् अ फर्लांग् फ्रॉम् हिअ'।
About a furlong from here.

यहाँ से लगभग एक फर्लांग पर।
Yahāṅ se lagbhag ek pharlāṅg par.

3. व्हेअ'?
Where?

कहाँ?
Kahaṅ?

4. गो टु द नेक्सट् कॉर्नर् ऑण्ड् टर्न लेफ्ट्।
Go to the next corner and turn left.

अगला नुक्कड़ पार कर बायीं ओर मुड़िये।
Aglā nukkaḍ pār kar bāyīṅ or muḍiye.

5. थैंक् यू।
Thank you.

धन्यवाद।
Dhanyavād́.

6. नो मेन्शन्, प्लीज़्।
No mention, please.

इसमें कैसा आभार?
Ismeṅ kaisā ābhār?

7. व्हाट् इज़् द प्राइस् ऑफ् टॅमोटो, प्लीज़्?
What is the price of tomato, please?

टमाटर कैसे दिये?
Tamāṭar kaise diye haiṅ?

8. फोर् रुपीज़् अ किलो, सर्!
Four rupees a kilo, sir.

चार रुपये किलो, साहब!
Chār ruṕye kilo, sāhab́!

9. गिव् मी टू किलोज़्।
Give me two kilos.

दो किलो दो।
Dō kilo do.

10. हॅव् यू फ्रेश ब्रिंजल्स्?
Have you fresh brinjals?

बैंगन ताज़े हैं?
Baiṅgan tāze haiṅ?

11. येस्, सर्!
Yes, sir!

हाँ, जी!
Hāṅ, jī!

12. हिअ आ सम् फ्रेश् ब्लू स्माल् राउंड् ब्रिंजल्स्।
Here are some fresh blue small round brinjals.

ताज़े, नीले छोटे गोल बैंगन इधर हैं।
Tāze nīle chhoṭe goĺ baiṅgan idhar haiṅ.

| | |
|---|---|
| 13. गिव् मी वन् किलो। | एक किलो दो। |
| Give me one kilo. | Eḱ kilo do. |
| 14. हाउ डू यू सेल् देम्? | क्या भाव है? |
| How do you sell them? | Kyā bhāv hai? |
| 15. टवेंटी रुपीज़् फिफ्टि पैसे पर् किलो, सर्। | बीस रुपये पचास पैसे किलो, साहब। |
| Twenty rupees fifty paise per kilo, Sir. | Bīs ruṕye pachāś paise kilo, sāhab́. |
| 16. कॅन् यू मेक्‌ इट् सिक्सटीन रुपीज़् अ किलो? | सोलह रुपये किलो दोगे क्या? |
| Can you make it sixteen rupees a kilo? | Solah ruṕye kilo doge kyā? |
| 17. सॉरि, आय् कॅननाट् ऑफर इट्, सर्। | न, पड़ता नहीं पड़ता, साहब। |
| Sorry, I cannot offer it, sir. | Na, paḍtā nahīṅ paḍtā, sāhab́. |
| 18. सी सर्, दीज़् थिक् फ्लेशि ड्रम्स्टिक्स्। | देखिये साहब, ये मोटे भरे भरे हुए सहजन। |
| See sir, these thick fleshy drumsticks. | Dekhiye sāhab́, ye moṭe bhare hue sah́jan. |
| 19. हाउ मच् इज़् दिस्? | कैसे दिये? |
| How much is this? | Kaise diye? |
| 20. फोर्‌ स्टिक्स् फॉ' टेन रुपी। | दस रुपये के चार सहजन। |
| Four sticks for ten rupee. | Das ruṕye ke chār sah́jan. |
| 21. इट्'स रादर् कॉस्टलि। | यह बहुत महँगा है। |
| It's rather costly. | Yah bahut́ mahaṅgā hai. |

| | |
|---|---|
| 22. इट्स् आउट् ऑफ् सीजन्, सर्। | यें बेमौसम की चीज है, साहब। |
| It's out of season, sir. | Ya bemausam kī chīź hai, sāhab. |
| 23. ऑल् राइट्, गिव् फोर स्टिक्स् ऑफ् दिस् टू। | अच्छा चलो, चार ये भी दे दो। |
| All right, give four sticks of this too. | Achchhā chalo, chār ye bhī de do. |
| 24. दीज़् आ॑ ग्रीन फ्रेश् स्पिनाच् ॲण्ड् मिंट्। | ये हैं हरे ताजे पालक और पुदीना। |
| These are green fresh spinach and mint. | Ye haiṅ hare tāze pālaḱ aur pudīna. |
| 25. हाउ डू यू सेल् देम्? | कैसे दिये? |
| How do you sell them? | Kaise diye? |
| 26. स्पिनाच् टेन रुपीज़ अ पॅक् ॲण्ड् मिंट् फॉ॑ अ रुपी। | पालक दस रुपये की एक गड्डी और पुदीना रुपये में। |
| Spinach ten rupees a pack and mint for a rupee. | Pālaḱ das rupe kī eḱ gaḍḍī aur pudīnā rupye meṅ. |
| 27. कीप् अ पॅक् ऑफ् ईच्। | इनकी भी एक-एक़ गड्डी रख दो। |
| Keep a pack of each. | Inkī bhī eḱ-eḱ gaḍḍī rakh́ do. |
| 28. ॲण्ड् आल्सो गिव् मी 50 ग्राम्स् जिंजर, 100 ग्राम्स ईच् ऑफ् चिलीज़ ॲण्ड् गारलिक्स। | और देखो, 50 ग्राम् अदरक, और सौ-सौ ग्राम हरी मिर्च और लहसुन भी दो। |

And also give me 50 gram ginger, 100 gram each of chillis and garlics.

Aur dekho, 50 grām adraḱ aur sau-sau grām harī mirch́ aur lah́sun bhī do.

29. एक्सक्यूज़् मी, सर् यू डिड् नॉट् सी द' आर्टिकल्स् जस्ट् अराइव्ड् फ्रॉम् द' फील्ड्स्– लेडि'ज़् फिंगर्, बिटर् गोर्ड, बीन्स्, पीज़्-कॉड, स्नेक् गोर्ड्, प्लॅन्टेन्, कैरट्, रॅडिश, ऑनियन्, कुकुम्बर, बॉटल् गोर्ड्, पम्पकिन्, पोटॅटो।

माफ कीजियेगा, साहब, अभी-अभी जो माल खेतों से आया है, उसे आपने देखा ही नहीं– भिंडी, करेला, तरोई, सेम, मटर की छीमी, स्नेक् गोर्ड केला, गाजर, मूली, प्याज कुकुम्बर, बॉटल् गोर्ड, पम्पकिन्, पोटॅटो।

Excuse me, sir, you did not see the articles just arrived from the fields : lady's finger, bitter-gourd, beans, peas-cod, snake gourd, plantain, carrot, radish, onion, cucumber, bottle gourd, pumpkin, potato.

Māph́ kījiyegā, sāhab́, Abhī-abhī jo māĺ kheton̈ se āyā hai, use āṕne dekhā hī nahīn̈— bhiṇḍī, karelā, taro-ī, sem, maṭar kī chhīmī, chichīṇḍā, kelā, gājar, mūlī, pyāź, kakaṛhī, kad-dū, konhḍā, ālū.

30. थैंक यू, दॅट्'स् ऑल टुडे।

धन्यवाद, आज इतना ही।

Thank you, that's all today.

Dhanyavād, āj́ it́nā hī.

31. हाउ मच् आय् ओं' यू?

मुझे कितना देना है?

How much I owe you?

Mujhe kit́nā denā hai?

32. इन्क्लुडिंग् रु० 3.50 पैसे ऑफ्

अदरक, मिर्च और लहसुन के

जिंजर, चिलि अॅण्ड् गारलिक्, द' टोटल अमॉउंट कम्स् टू रु. 44.50 पैसे।

Including Rs. 3.50 paise of ginger, chilli and garlic, the total amount comes to Rs. 44.50 paise.

3.50 मिलाकर कुल रुपये 44.50 पैसे होते हैं।

Ad́raḱ, mirch́, aur lahśun ke 3.50 milākaŕ kul, ruṕye 44.50 paise hote haiṅ.

33. प्लीज हैव इट।
Please have it.

यह लो।
Yah́ lo.

34. थैंक् यू, सर्।
Thank you, sir.

धन्यवाद, श्रीमान्।
Dhanyavād, sir.

## मौसम (ऋतुएँ) : Seasons

1. द' विंड् इज़् ब्लोइंग् फ्रॉम् द' ईस्ट्।
The wind is blowing from the East.

पुरवैया बह रही है।
Purvaiyā bah́ rahī hai.

2. इट् इज़् द' स्प्रिंग्।
It is the spring.

यह वसंत है।
Yah́ Vasant́ hai.

3. इट् हॅज़् ब्रॉट् द' लस्ट्।
It has brought the lust.

यह मस्ती लाया है।
Yah mastī lāyā hai.

4. द' वर्ल्ड् हैज़ बिकम्' मैड्।
The world has become mad.

दुनिया पागल बन गयी है।
Duniyā pāgaĺ ban gayī hai.

| | |
|---|---|
| 5. द सीज़न् इज़् वन् फॉर रिजॉयसिंग्।<br>The season is one for rejoicing. | मौसम सुहावना है।<br>Mausam suhāvanā hai. |
| 6. इट् इज़् व्हेरि हॉट् टुडे।<br>It is very hot today. | आज बहुत गरम है।<br>Āj bahut́ garam hai. |
| 7. व्हाट् अ रेचेड् डे!<br>What a wretched day! | क्या मनहूस दिन है!<br>Kyā manhūś din hai! |
| 8. नॉट् अ साइन् ऑफ् विंड्।<br>Not a sign of wind. | बिलकुल हवा नहीं है।<br>Bilkuĺ havā nahīṅ hai. |
| 9. टुडे देय इज़् मच् सल्ट्रिनेस्।<br>Today there is much sultriness. | आज बहुत उमस है।<br>Āj bahut́ umas hai. |
| 10. ऑय् ॲम् परस्पायरिंग।<br>I am perspiring. | पसीना आ रहा है।<br>Pasīnā ā rahā hai. |
| 11. इट् इज़ द समर्।<br>It is the summer. | यह ग्रीष्म है।<br>Yah́ grīṣm hai. |
| 12. द स्काइ इज़् ओवर्कॉस्ट्।<br>The sky is overcast. | आसमान में बादल छाये हैं।<br>Āsmān meṅ bādaĺ chhāye haiṅ. |
| 13. इट् इज़ डार्क्।<br>It is dark. | अँधेरा है।<br>Aṅdherā hai. |
| 14. इट् विल् रेन्।<br>It will rain. | वर्षा होगी।<br>Varṣā hogī. |
| 15. इट् थंडर्स्।<br>It thunders. | बादल गरजते हैं।<br>Bādaĺ garaj́te haiṅ. |

| | |
|---|---|
| 16. लाइट्निंग फ्लैशिस।<br>Lightning flashes. | बिजली चमकती है।<br>Bijlī chamaktī hai. |
| 17. इट् इज़् पोरिंग्।<br>It is pouring. | वर्षा जोर से हो रही है।<br>Varṣā jor se ho rahī hai. |
| 18. इट् इज़् रेनिंग् कॅट्स अॅण्ड् डॉग्स्।<br>It is raining cats and dogs. | मूसलाधार वर्षा हो रही है।<br>Mūsalādhār varṣā ho rahī hai. |
| 19. इट् हॅज़् स्टॉप्ड् रेनिंग्।<br>It has stopped raining. | पानी बरसना बंद हो गया है।<br>Pānī barasnā band ho gayā hai. |
| 20. अ कूल ब्रीज़ इज़् ब्लोइंग्।<br>A cool breeze is blowing. | ठंडी हवा बह रही है।<br>Ṭhaṇḍī havā bah rahī hai. |
| 21. डू यू लाइक् दिस् वेदर्?<br>Do you like this weather? | क्या तुम्हें यह मौसम पसंद है?<br>Kyā tumheṅ yah mausam pasand hai? |
| 22. एवरीवन् लाइक्स् द रेनि सीज़न्।<br>Everyone likes the rainy season. | वर्षा सभी को सुहाती है।<br>Varṣā sabhī ko suhātī hai. |
| 23. देअ'-फोर् इन सावन पीपल् ऑसिलेट् इन स्विंग्स् टाइड् विद् ट्रीज़्।<br>Therefore in Savan people oscillate in swings tied with trees. | इसीलिए सावन में लोग पेड़ों से बँधे झूलों में झूलते हैं।<br>Isīliye sāvan meṅ log peḍoṅ se baṅdhe jhūloṅ meṅ jhūlte haiṅ. |

| | |
|---|---|
| 24. दिस् इज़् फाइन् वेदर्। This is fine weather. | यह सुहावना मौसम है। Yaħ suhāvanā mausam hai. |
| 25. द स्काय् इज़् क्लीअ। The sky is clear. | आसमान साफ है। Āsmān sāpħ hai. |
| 26. कूल् ब्रीज़ इज़् ब्लोइंग् थ्रू ट्रीज। Cool breeze is blowing through trees. | पेड़ों से छनकर ठंडी हवा बह रही है। Peḍoṅ se chhankar ṭhaṇḍī havā baħ rahī hai. |
| 27. द मूनलाइट् हैज़ बिकम् मिल्की। The moonlight has become milky. | चाँदनी दूधिया हो गयी है। Chāṅdnī dūdhiyā ho gayī hai. |
| 28. इट् इज़् आटम्। It is autumn. | यह शरद् ऋतु है। Yaħ śharad ritu hai. |
| 29. डयूरिंग द नाइट्, द स्काय् इज़् फुल् ऑफ् टिंवक्लिंग् स्टार्स। During the night, the sky is full of twinkling stars. | रात में आकाश तारों से जगमगाता है। Rāt meṅ ākāṣ tāroṅ se jaǵmagātā hai. |
| 30. द मून् इज़् गिविंग् बाथ् टु द अर्थ् विद् ड्यूज़्। The moon is giving bath to the Earth with dews. | चाँद धरती को शबनम से नहलाता है। Chāṅd dhartī ko ṣabnam se naħlātā hai. |
| 31. इट् इज़ वेरि कोल्ड् डे। It is very cold day. | आज बहुत सरदी है। Āj bahut sardī hai. |
| 32. इट् इज़् द कोल्ड् सीज़न्। It is the cold season. | यह हेमंत है। Yah′ hemant′ hai. |

33. द सन् शाइन्स् डयूरिंग् द डे।
The sun shines during the day.

सूरज दिन में चमकता है।
Sūraj din meṅ chamaktā hai.

34. डिफेरेंट् काइंड्स् ऑफ् विंड् ब्लो।
Different kinds of wind blow.

तरह–तरह की हवाएँ बहती हैं।
Tarah-tarah kī havā-eṅ bahti haiṅ.

35. इट् इज़् विंडि।
It is windy.

हवा बहुत चल रही है।
Havā bahut chal rahī hai.

36. लीव्ज़् फॉल् फ्रॉम् ट्रीज़्।
Leaves fall from trees.

पेड़ों से पत्ते गिरते हैं।
Peḍoṅ se patte girte haiṅ.

37. ग्रेन्स् राइप् इन् द फील्ड्स्।
Grains ripe in the fields.

खेतों में अनाज पकते हैं।
Khetoṅ meṅ anāj pakte haiṅ.

38. टुडे इट इज़् फाइन् वेदर्।
Today it is fine weather.

आज दिन खुला है।
Āj ḍin khulā hai.

39. इट् इज़् शिशिर।
It is śhiśhir.

यह शिशिर है।
Yah śhiśhir hai.

40. इट् इज़् फाइन् सीज़न।
It is fine season.

यह सुहावना मौसम है।
Yah suhāvanā mausam hai.

# 5

# वर्गीकृत शब्दावली
# Classified Vocabularies

## AT A GLANCE

| | | |
|---|---|---|
| रंग | : | Colours |
| फूल और पत्ते | : | Flowers and Leaves |
| वृक्ष और उसके अवयव | : | Trees and Their Parts |
| मेवे और फल | : | Dried Fruits and Fruits |
| शाक-सब्जियाँ | : | Vegetables and Greens |
| मसाले | : | Spices |
| पक्षी | : | Birds |
| पशु | : | Beasts |
| सरीसृप और कीड़े-मकोड़े | : | Reptiles and Insects |
| शरीर के अंग | : | Parts of the Body |
| वस्त्र और पोशाक | : | Clothes and Garments |
| आभूषण | : | Ornaments |
| जवाहरात | : | Jewels |
| सगे-संबंधी | : | Relatives |
| शारीरिक अवस्था और रोग | : | Conditions of the Body and Ailments |
| वाद्य यंत्र | : | Musical Instruments |
| खनिज और धातु | : | Minerals and Metals |
| व्यापार और व्यवसाय | : | Trades and Professions |
| घरेलू सामान | : | Domestic Articles |

## रंग : Colours

| रेड् | Red | लाल | lāĺ |
|---|---|---|---|
| ग्रीन् | Green | हरा | harā |
| ब्लू | Blue | नीला | nīlā |
| येलो | Yellow | पीला | pīlā |
| व्हाइट् | White | सफेद | saphed́ |
| ब्लैक् | Black | काला | kālā |
| पर्पल् | Purple | जामुनी | jāmunī |
| सॅफ्रॉन् | Saffron | केसरी | keśri |
| वायोलेट् | Violet | बैंगनी | baiṅǵnī |
| पिंक् | Pink | गुलाबी | gulābī |
| ॲश् कलर | Ash-colour | राखी | rākhī |
| ब्ल्यू ग्रे | Blue grey | ब्ल्यू ग्रे | sleṭī |
| ग्रे (डस्टी) | Grey (dusty) | मटमैला | maṭ́mailā |
| ब्राउन् | Brown | भूरा | bhūrā |
| सिल्वर् | Silver | रुपहरा | ruṕharā |
| स्कारलेट् | Scarlet | सिंदूरी | Sindūrī |
| ऑरेंज् | Orange | नारंगी | nāraṅgī |
| गोल्डन | Golden | सुनहरा | suńharā |
| बीज | Beige | पीला भूरा | pīlā bhūrā |

## फूल और पत्ते : Flowers and Leaves

| ट्री | Tree | पेड़ | peḍ |
|---|---|---|---|
| प्लॉण्ट् | Plant | पौधा | paudhā |
| क्रीपर् | Creeper | लता | latā |

| | | | |
|---|---|---|---|
| स्टेम् | Stem | टहनी | ṭah́nī |
| लीफ् | Leaf | पत्ता | pattā |
| बड् | Bud | कली | kalī |
| फ्लॉवर | Flower | फूल | phūĺ |
| थॉर्न् | Thorn | काँटा | kāṅṭā |
| लीफ् ऑफ् | Leaf of | | |
| स्वालो वर्ट | Swallow wort | अर्क का पत्ता | arḱ kā pattā |
| लीफ् ऑफ | Leaf of | | |
| प्लॅन्टेन् | Plantain | केले का पत्ता | kele kā pattā |
| लीफ् ऑफ् | Leaf of | | |
| होलि बेसिल् | Holy Basil | तुलसी-दल | t́uĺasī-dal |
| अग्रोस्टिस् | Agrostis | | |
| लिंकारिस् | Lincaris | दूर्वा | dūrvā |
| बिटल् लीफ् | Betal leaf | पान का पत्ता | pān kā pattā |
| लीफ् ऑफ् | Leaf of | | |
| वूड-ॲप्पल् | Wood-apple | बेल का पत्ता | beĺ kā pattā |
| मिर्‌टल् | Myrtle | मेहँदी | meṅh́dī |
| स्वालो वर्ट् | Swallow wort | अर्क | arḱ |
| ओलींडर | Oleander | कनेर | kaneŕ |
| लोटस् | Lotus | कमल | kamaĺ |
| लिलि | Lily | कमलिनी | Kamalinī |
| पेंडानस् | Pandanus | केवड़ा | Kewṛā |
| सॅफ्रॉन् | Saffron | केसर | kesaŕ |
| क्रिसॅन्थेमम् | Chrysanthemum | गुलदाउदी | guĺdāudī |
| वायलेट् | Violet | गुलबनफशा | guĺbanaf́śhā |

| | | | |
|---|---|---|---|
| डेज़ी | Daiśy | गुलबहार | guĺbahāŕ |
| बालसम् | Balsam | गुलमेंहदी | guĺmeṅh́dī |
| रोज् | Rose | गुलाब | gulāb́ |
| मेरिगोल्ड | Marigold | गेंदा | geṅdā |
| जॅस्मिन् | Jasmine | चमेली | chamelī |
| मॅग्नोलिया | Magnolia | चम्पा | champā |
| चाइना रोज़् | China-rose | जपा | japā |
| जूही, अ काइंड ऑफ् जॅस्मिन | Juhi, a kind of Jasmine | जूही | jūhī |
| स्ट्रोमोनिअम् | Stramonium | धतूरा | dhatūrā |
| नरसिसस् | Narcissus | नरगिस | nar̕giś |
| इंडिगो | Indigo | नील | nīĺ |
| बूटी | Butea | पलाश | palāśh |
| मिनुसॉप्स् एलेंगि | Minusops elengi | बकुल | bakul |
| अकासिआ | Acacia | बबूल | babūl |
| अ काइंड् ऑफ् जॅस्मिन | a kind of jasmine | बेला | belā |
| अ काइंड् ऑफ् जॅस्मिन | a kind of jasmine | बेली | belī |
| अ काइंड् ऑफ् जॅस्मिन् | a kind of jasmine | मोगरा | moǵrā |
| नाइट्-क्वीन् | Night-queen | रजनी-गन्धा शिरीष | rajanī-gandhā śhirīṣ |
| सन् फ्लॉवर् | Sunflower | सूर्यमुखी | sūryamukhī |

| | | | |
|---|---|---|---|
| आयवि | Ivy | सिरपेंचा | sirpeṅchā |
| सिल्क-कॉटन् | Silk-cotton | सेमल | semal |

## वृक्ष और उसके अवयव : Trees and Their Parts

| | | | |
|---|---|---|---|
| जर्म् | Germ | अंकुर | aṅkur |
| मैंगो | Mango | आम | ām |
| टमरिंड् | Tamarind | इमली | imlī |
| क्राफ्ट् | Craft | कलम | kalam |
| बड् | Bud | कली | kalī |
| वूड् | Wood | काठ | kāṭh |
| थॉर्न् | Thorn | काँटा | kāṅṭā |
| स्टोन | Stone | गुठली | guṭhlī |
| गम् | Gum | गोंद | goṅd |
| पाइन | Pine | चीड़ | chīḍ |
| बार्क | Bark | छाल | chhāl |
| स्किन्, रिंड् | Skin, Rind | छिलका | chhilkā |
| कॉयर् | Coir | जटा (नारियल का) | jaṭā |
| रूट् | Root | जड़ | jaḍ |
| स्टॅमेन् | Stamen | जीरा | jīrā |
| कोनिफर् | Conifer | झाऊ | Jhā-ū |
| स्टेम् | Stem | टहनी | ṭahnī |
| ब्रांच् | Branch | डाल | ḍāl |
| ट्रंक | Trunk | धड़ | dhaḍ |
| फायबर् | Fibre | नस | nas |

| लीफ् | Leaf | पत्ती | pattī |
|---|---|---|---|
| फ्लॉवर् | Flower | फूल | phūĺ |
| बनिअन | Banyan | बरगद | baŕgaď |
| अकासिया | Acacia | बबूल | babūĺ |
| सीड् | Seed | बीज | bīj́ |
| बॉम्बू | Bamboo | बाँस | bāṅś |
| बर्च | Birch | भोजपत्र | bhoj́patra |
| महोगनि | Mahogany | महोगनी | mahogani |
| जूस् | Juice | रस | raś |
| पल्प | Pulp | गुद्दा | guďdā |
| ब्रांच् | Branch | शाखा | śhākhā |
| सायप्रेस् | Cypress | सरो | saro |
| टीक् | Teak | सागवान | sāǵvān |
| कॅक्टस् | Cactus | सेंहुड़ | seṅhuḍ |

## मेवे और फल : Dried Fruits and Fruits

| फिग | Fig | अंजीर | aṅjīŕ |
|---|---|---|---|
| वाल्नट् | Walnut | अखरोट | akh́roṭ |
| पीच् | Peach | आड़ू | ārū |
| कॅश्यूनट् | Cashewnut | काजू | kājū |
| रेज़िन् | Raisin | किशमिश | kiśhmiśh |
| डेट् | Date | खजूर | khajūŕ |
| चिरोंजी | Buchanania latifolia | चिरौंजी | chirauṅjī |

| | | | |
|---|---|---|---|
| सफीदा | Safida | सफीदा | safīdā |
| पाइन–फ्रूट् | Pine-fruit | चिलगोजा | chiĺgozā |
| अप्रिकॉट् | Apricot | खुबानी | khubānī |
| पिस्ताशिओ | Pistachio | पिस्ता | pistā |
| आलमंड | Almond | बादाम | bādāḿ |
| करंट् | Currant | मुनक्का | munakkā |
| ग्राउंड्नट् | Groundnut | मूँगफली | mūṅǵphalī |
| कोकोनट् | Coconut | नारियल | nāriyaĺ |
| फ्रूट् | Fruit | फल | phaĺ |
| ग्रेप्स् | Grapes | अंगूर | aṅgūŕ |
| पाइन् ॲप्पल् | Pine-apple | अन्नानास | annānāś |
| पोमेग्रेनेट् | Pomegranate | अनार | anāŕ |
| ग्वावा | Guava | अमरूद | amrūd́ |
| एम्ब्लिक | Emblic- | आँवला | āṅvalā |
| मिरॉबलन | Myrobalan | हर्र | harr |
| पीच् | Peach | आड़ू | āḍū |
| मैंगो | Mango | आम | āḿ |
| सुगर–केन | Sugarcane | ईख | īkh́ |
| टॅमरिंड् | Tamarind | इमली | imlī |
| जॅक्फ्रूट | Jackfruit | कटहल | kaṭhaĺ |
| बनाना | Banana | केला | kelā |
| कॅरट् | Carrot | गाजर | gājaŕ |
| मस्कमेलॉन् | Muskmelon | खरबूजा | khaŕbūj́ā |
| वाटर्मेलॉन् | Watermelon | तरबूज़ | taŕbūź |
| पेअर् | Pear | नाशपाती | nāśhpātī |

| | | | |
|---|---|---|---|
| लेमन् | Lemon | नींबू | nīṅbū |
| ब्लॅक्बेरि | Blackberry | काली अंची | kālī anchī |
| पपया | Papaya | पपीता | papītā |
| वुड्-अॅप्पल् | Wood-apple | कठबेल | kaṭhbeĺ |
| प्लम् | Plum | आलू बुखारा | āalū bukhārā |
| स्ट्राबेरि | Strawberry | हिसालू | hisālū |
| लेमन् (स्वीट्) | Lemon (sweet) | मोसम्बी | mosambī |
| राज़बेरि | Raspberry | रसभरी | rasbhari |
| लीची | Leechee | लीची | līchī |
| स्वीट-पोटेटो | Sweet-potato | शकरकंदी | śhakaŕkandi |
| कस्टर्ड-अॅप्पल् | Custard-apple | शरीफा | śharīphā |
| मलबेरि | Mulberry | शहतूत | śhah́tut́ |
| ऑरेंज | Orange | संतरा | saṅtarā |
| सपोटा | Sapota | सपोटा | sapoṭā |
| अॅप्पल् | Apple | सेब | seb́ |
| आर्टोकार्पस् | Artocarpus | | |
| लाक् | lakoocha | बड़हल | baḍhal |
| ग्रेवी | Grewia- | | |
| असिआटिका | asiatica | फालसा | phāĺsā |
| गूजबेरि | Gooseberry | करौंदा | karauṅdā |
| आरहो | Averrhoa | कमरख | kaḿrakh́ |
| बिलिंबी | bilimbi | | |

# शाक-सब्जियाँ : Vegetables and Greens

| | | | |
|---|---|---|---|
| अंगुलर-गोर्ड | Angular-gourd | तरोई | taro-ī |
| अरम् | Arum | अरुई | aru-ī |
| बीन्स् (ग्रीन) | Beans (green) | सेम | seḿ |
| बीन्स् (फ्रेंच्) | Beans (French) | फरासबीन | pharāśbīń |
| बीन्स् (स्ट्रिंग्) | Beans (string) | लोबिया | lobiyā |
| बीट्रूट | Beatroot | चुकंदर | chukandaŕ |
| बिटरगोर्ड | Bittergourd | करेला | karelā |
| ब्रिंजाल् | Brinjal | बैंगन | baiṅgań |
| कॅबेज् | Cabbage | बंदगोभी | bańdgobhī |
| कॅरट् | Carrot | गाजर | gājaŕ |
| कॉलिफ्लॉवर् | Cauliflower | फूलगोभी | phūĺgobhī |
| सिट्रन् | Citron | गलगल | galgāl |
| चिल्लि | Chilli | लालमिर्च | lāl mirch |
| कोकोनट | Coconut | नारियल | nāriyaĺ |
| कॉरिअण्डर् (ग्रीन) | Coriander (green) | धनिया (हरा) | dhaniyā |
| कुकुम्बर् | Cucumber | ककड़ी | kakaḍī |
| ड्रम्-स्टिक् | Drumstick | सहजन | sah́jań |
| एलिफॅण्ट यॅम् | Elephant yam | सूरन जमीकंद | sūrań jamīkańd |
| गारलिक् | Garlic | लहसुन | lah́suń |
| जिंजर् | Ginger | अदरक | ad́raḱ |
| गोर्ड | Gourd | खीरा | khīrā |
| ग्रीन्स् | Greens | साग | sāǵ |

| | | | |
|---|---|---|---|
| हेम्प् | Hemp | गांजा | gāṇjā |
| करनेल् | Kernel | गरी, बीज | garī, bīj́ |
| लेडिज् फिंगर् | Lady's finger, Okra | भिंडी | bhindī |
| लेमन् | Lemon | नींबू (कागज़ी) | nīmbū (kāǵzī) |
| लाइम | Lime | नींबू (जँभीरी) | nīmbū (jaṅbhīrī) |
| मिंट् | Mint | पुदीना | Pudīnā |
| मशरूम् | Mushroom | कुकुरमुत्ता | kukuŕmuttā |
| ऑनिअन् | Onion | प्याज | pyāź |
| प्लेन्टेन् | Plantain | केला | kelā |
| पोटेटो | Potato | आलू | ālū |
| पम्पकिन् | Pumpkin | कोंहड़ा | koṅh́ḍā |
| पीज़् (ग्रीन) | Peas (green) | मटर (हरा) | maṭar (harā) |
| रॅडिश् | Radish | मूली | mūlī |
| स्नेक्-गोर्ड | Snake-gourd | चचींड़ा | chachīṅḍā |
| बॉटल-गोर्ड | Bottle-gourd | घिआ | ghi-ā |
| स्पिनाच् | Spinach | पालक | pālaḱ |
| टोमेटो | Tomato | टमाटर | ṭamāṭaŕ |
| टर्निप् | Turnip | शलजम | śhaĺjaḿ |
| फेनुग्रीक् | Fenugreek | मेथी | methī |

# मसाले : Spices

| | | | |
|---|---|---|---|
| जिंजर् | Ginger | अदरक | ad́araḱ |
| कॅम्फर् | Camphor | कपूर | kapūŕ |
| मस्क् | Musk | कस्तूरी | kastūrī |
| ब्लॅक् पेप्पर् | Black pepper | काली मिर्च | kālī mirch́ |
| सॅफ्रॉन् | Saffron | केसर | keśaŕ |
| यीस्ट् | Yeast | खमीर | khamīr |
| नट्मग् | Nutmeg | जायफल | jāýphaĺ |
| मेस | Mace | जावित्री | jāvitrī |
| क्युमिन-सीड् | Cumin-seed | जीरा | jīrā |
| कासिआ | Cassia | तेजपात | teźpāt |
| सिन्नमन | Cinnamon | दालचीनी | dāĺchīnī |
| साल्ट् | Salt | नमक | namaḱ |
| गाल-नट् | Gall-nut | माजूफल | mājūphaĺ |
| पेप्पर | Pepper | मिर्च | mirch |
| क्लोव्स् | Cloves | लवंग | lavaṅǵ |
| कार्डमम् | Cardamom | इलायची | Ilāychī |
| व्हिनेगर | Vinegar | सिरका | siŕkā |
| ड्राय-जिंजर् | Dry-ginger | सौंठ | soṅṭh |
| अनिसीड् | Aniseed | सौंफ़ | sauṅph́ |
| टरमेरिक् | Turmeric | हल्दी | haldī |
| असाफोटिडा | Asafoetida | हींग | hīṅǵ |

# पक्षी : Birds

| | | | |
|---|---|---|---|
| स्पॅरो | Sparrow | गौरैया (चिड़िया) | Gauraiyā (Chiḍiā) |
| एग् | Egg | अंडा | anḍā |
| पर्च | Perch | अड्डा | aḍḍā |
| नेस्ट | Nest | घोंसला | ghonślā |
| बीक् | Beak | चोंच | choṅch′ |
| विंग् | Wing | पंख | paṅkh́ |
| प्ल्यूम | Plume | पर | paŕ |
| क्ला | Claw | पंजा | panja |
| केज़् | Cage | पिंजड़ा | piṅj́ḍā |
| टेल् | Tail | पूँछ | pūṅchh́ |
| स्वेलो | Swallow | अबाबील | abābīĺ |
| आउल् | Owl | उल्लू | ullū |
| वूडपेकर | Woodpecker | कठफोड़वा | kaṭh́phoḍvā |
| पिजन | Pigeon | कबूतर | kabūtaŕ |
| गूज़् | Goose | कलहंस | kalhanś |
| कॉकाटू | Cockatoo | काका तुआ | kā-kā tu-ā |
| राव्हेन् | Raven | काला कौआ | kālā kau-ā |
| कुक्कू | Cuckoo | कोयल | koyal |
| क्रो | Crow | कौआ | kau-ā |
| ईगल् | Eagle | गरुड़ | garuḍ́ |
| वल्चर् | Vulture | गिद्ध | giddh́a |
| हेन् | Hen | (मादा) मुर्गी | (mādā) murgī |

| | | | |
|---|---|---|---|
| बैट् | Bat | चमगादड़ | chaḿgādaḍ |
| काइट् | Kite | चील | chīĺ |
| लॅप् विंग् | Lap wing | टिटिहरी | ṭiṭiharī |
| पाट्रिज़् | Partridge | तीतर | tītaŕ |
| पॅरॅट् | Parrot | तोता | totā |
| ब्लू जे | Blue jay | नीलकंठ | nīĺkanṭh́ |
| डव् | Dove | पेडुकी | peḍukī |
| ड्रैक | Drake | (नर) बत्तख | (nar) batakh́ |
| डक् | Duck | बतकी | batakī |
| क्वेल् | Quail | बटेर | baṭeŕ |
| वीवर्-बर्ड | Weaver-bird | बया | bayā |
| फॉलकन् | Falcon | बाज़ | bāź |
| नाइटिंगेल् | Nightingale | बुलबुल | buĺbuĺ |
| फाउल् | Fowl | मुर्ग | murǵ |
| कॉक् | Cock | मुर्गा | murgā |
| चिकन् | Chicken | मुर्गी का बच्चा | murgī kā bachchā |
| पॉल्ट्रि | Poultry | कुक्कुट, मुर्गा-मुर्गी | kukuṭ, murgā-murgī |
| पीकॉक् | Peacock | मोर | moŕ |
| पीहेन् | Peahen | मोरनी | moŕnī |
| लार्क | Lark | भारद्वाज | bhāŕdvāj́ |
| ऑस्ट्रिच् | Ostrich | शुतुरमुर्ग | śhuturmurǵ |
| हाक् | Hawk | श्येन | śhyeń |
| क्रेन् | Crane | सारस | sāraś |

| स्वान | Swan | हंस | Hans |
|---|---|---|---|
| मकॉ | Macaw | हीरामन तोता | hīrāmań totā |

## पशु : Beasts

| | | | |
|---|---|---|---|
| कैमल् | Camel | ऊँट | ūṅṭ |
| मस्क् डीअर् | Musk-deer | कस्तूरी मृग | kastūrī mṛig |
| डॉग् | Dog | कुत्ता | kuttā |
| बिच् | Bitch | कुतिया | kutiyā |
| म्यूल् | Mule | खच्चर | khachchar |
| रॅबिट् | Rabbit | खरगोश | khaŕgoś |
| हेअर् | Hare | खरहा | khaŕhā |
| हूफ् | Hoof | खुर | khuŕ |
| ऍस् | Ass | गधा | gadhā |
| डॉन्कि | Donkey | गधा | gadhā |
| काउ | Cow | गाय | gāý |
| स्क्विरल् | Squirrel | गिलहरी | gil̍harī |
| रिनोसिरस् | Rhinoceros | गैंडा | gaiṅḍa |
| जेब्रा | Zebra | जेब्रा, गोरखर | goŕkhaŕ |
| हॉर्स | Horse | घोड़ा | gh́oḍā |
| मेअर् | Mare | घोड़ी | ghoḍī |
| पॅन्थर् | Panther | चीता | Chītā |
| माउस | Mouse | चूहा | Chūhā |
| मोल | Mole | छछूँदर | chhachhūṅ́dar |
| बोअर | Boar | जंगली सूअर | jaṅgalī sū-ar |
| स्पॅनिएल् | Spaniel | झबरा कुत्ता | jhab́rā kuttā |

| | | | |
|---|---|---|---|
| पोनि | Pony | टट्टू | ṭaṭ-ṭū |
| लेपर्ड | Leopard | तेंदुआ | teṅdu-ā |
| मांगूस | Mongoose | नेवला | nevlā |
| टेल् | Tail | दुम | duḿ |
| बीस्ट् | Beast | पशु | paśhu |
| क्ला | Claw | पंजा | panjā |
| पप्पी | Puppy | पिल्ला | pillā |
| ही-गोट् | He-goat | बकरा | bakárā |
| शी-गोट् | She-goat | बकरी | bakárī |
| किड् | Kid | बकरी का बच्चा | bakarī kā bachchā |
| काफ् | Calf | बछड़ा | bachhaḍā |
| शी-कॉफ्, | She-calf, | बछिया | bachhiyā |
| कोल्ट् | Colt | बछेड़ा | bachheḍā |
| फिलि | Filly | बछेड़ी | bachheḍī |
| कैट् | Cat | बिल्ली | billī |
| किटन् | Kitten | बिल्ली का बच्चा | billī kā bachchā |
| मंकि | Monkey | बंदर | bandaŕ |
| ऑरंग्-टंग | Orang-utang | बनमानुष | bańmānus |
| ऑक्स् | Ox | बैल | bailʹ |
| अंटेलोप | Antelope | बारहसिंघा | bārahśiṅgā |
| स्टॅग् | Stag | हिरन | hiran |
| हाइंड् | Hind | बारहसिंगी | bārahśiṅgī |
| बिअर् | Bear | भालू | bhālū |
| शीप् | Sheep | भेड़ | bheḍ |

| | | | |
|---|---|---|---|
| एव् | Ewe | भेड़ी | bheḍī |
| फान् | Fawn | हिरण का बच्चा | hiran kā bachchā |
| बफेलो | Buffalo | भैंसा | bhaiṅsā |
| डेन् | Den | माँद | māṅḋ |
| रॅम् | Ram | मेढ़ा | meṛhhā |
| लॅम्ब | Lamb | मेमना | memańā |
| रॅट् | Rat | मूसा | mūsā |
| स्टॅग् | Stag | मृग | mrīǵ |
| फॉक्स् | Fox | लोमड़ी | lomạḍī |
| हाईना | Hyena | लकड़बग्घा | lakaḍbag-ghā |
| एप् | Ape | लंगूर | laṅgūŕ |
| टाइगर् | Tiger | बाघ, व्याघ्र | bāgh́, vyaghṛ |
| हाउंड् | Hound | शिकारी कुत्ता | śhikārī kuttā |
| बुल् | Bull | साँड़ | sāṅḍ |
| शॉम्वा | Chamois | साँभर | saṅbhar |
| पोर्क्युपाइन | Porcupine | साही | sāhī |
| जॅकाल् | Jackal | सियार | siyār |
| लायन् | Lion | सिंह | siṅḥ |
| हॉर्न | Horn | सींग | sīṅǵ |
| पिग्, हॉग् | Pig, Hog | सुअर | suaŕ |
| स्वाइन | Swine | सुअरी | suarī |
| पॉर्पॉइज़्' | Porpoise | सूँस | sūṅs |
| डिअर | Deer | हरिन, हिरन | harin, hiran |
| एलिफॅण्ट् | Elephant | हाथी | hāthī |

# सरीसृप और कीड़े-मकोड़े :
# Reptiles and Insects

| | | | |
|---|---|---|---|
| बोआ | Boa | अजगर | ajgar |
| टॉरटाइज़ | Tortoise | कछुआ | kachhuā |
| टरटल | Turtle | कछुआ (समुद्री) | kachhuā (samudrī) |
| एडर् | Adder | ज़हरीला साँप | zahrīlā sāṅp |
| स्लफ् | Slough | केंचुली | keṅchulī |
| अर्थ वर्म | Earthworm | केंचुवा | keṅchuvā |
| क्रॅब् | Crab | केंकड़ा | kekaḍā |
| बग् | Bug | खटमल | khaṭmal |
| कॅमेल्यन् | Chameleon | गिरगिट | girgiṭ |
| कोब्रा | Cobra | काला-साँप | kālā sāṅp |
| सेंटिपेड | Centipede | गोजर | gojār |
| बीटल् | Beetle | भौंरा | bhauṅrā |
| अलिगेटर् | Alligator | घड़ियाल | ghaḍiyāl |
| स्नेल् | Snail | घोंघा | ghoṅghā |
| लिज़र्ड | Lizard | छिपकली | chhipkalī |
| पॉयज़न् | Poison | ज़हर | zahar |
| फेंग् | Fang | ज़हर का दाँत | jahar kā dāṅt |
| ऑण्ट् | Ant | चींटी | chīṅtī |
| फायर् फ्लाय् | Firefly | जुगनू | jugnū |
| लूस | Louse | जूँ | juṅ |
| लीच् | Leech | जोंक | joṅk |

| | | | |
|---|---|---|---|
| क्रिक्रेट् | Cricket | झींगुर | zīṅguŕ |
| लोकस्ट् | Locust | टिड्डी | ṭiḍḍī |
| बटर्-फ्लाय् | Butterfly | तितली | titlī |
| हिप्पोपोटामस् | Hippopotamus | दरियाई घोड़ा | dariyā-ī-ghoḍā |
| स्कॉरपिऑन् | Scorpion | बिच्छू | bichchhū |
| फिश् | Fish | मछली | machh́lī |
| व्हाइट् ऑण्ट् | White ant | दीमक | dīmaḱ |
| स्पान | Spawn | मछली का बच्चा | machh́lī kā bachchā |
| ड्रोन् | Drone | मधुमक्खी (नर) | madhu-makkhī (nar) |
| बी | Bee | मधुमक्खी (मादा) | madhu-makkhī (mādā) |
| फ्रॉग् | Frog | मेंढक | meṅḍhaḱ |
| टॉड् पोल् | Tedpole | मेंढक का बच्चा | meṅḍhaḱ kā bachchā |
| हूड् | Hood | फन | phań |
| ग्रास्-हॉप्पर | Grass-hopper | टिड्डा | ṭiḍḍā |
| स्पाइडर | Spider | मकड़ी | maḱḍī |
| वेब् | Web | मकड़ी का जाला | maḱḍī kā jālā |
| फ्लाय् | Fly | मक्खी | makkhī |
| क्रोकोडायल् | Crocodile | मगर | magaŕ |
| मॉस्क्विटो | Mosquito | मच्छर | machchhaṛ́ |
| वस्प् | Wasp | बर्रे | barre |
| सिल्क्वर्म् | Silkworm | रेशम का कीड़ा | reśhām kā kīḍā |

| | | | |
|---|---|---|---|
| ककून् | Cocoon | रेशम का कोआ | reśham kā kuā |
| निट् | Nit | लीख | līkh́ |
| स्नेक् | Snake | साँप | sāṅṕ |
| कोंच् | Conch | शंख | shaṅkh́ |
| ओयस्टर् | Oyster | सीप | sīṕ |
| फिन् | Fin | सुफना (मछली का) | suphnā (machh́lī kā) |

## शरीर के अंग : Parts of the Body

| | | | |
|---|---|---|---|
| रिंग्-फिंगर् | Ring-finger | अनामिका | anāmikā |
| टो | Toe | अँगुली (पैर की) | aṅgulī (paiŕ kī) |
| फिंगर | Finger | अँगुली (हाथ की) | aṅgulī (hāth́ kī) |
| थम्ब | Thumb | अँगूठा (हाथ का) | aṅgūṭhā (hāth́ kā) |
| आय् | Eye | आँख | āṅkh́ |
| इंटेस्टाइन् | Intestine | आँत | āṅt́ |
| लिप् | Lip | ओठ | oṭh́ |
| हील् | Heel | एड़ी | eṛhī |
| शोल्डर | Shoulder | कन्धा | kandhā |
| टेम्पल् | Temple | कनपटी | kańpaṭī |
| वेस्ट् | Waist | कमर | kamaŕ |
| रिस्ट् | Wrist | कलाई | kalā-ī |
| इअर् | Ear | कान | kāń |

| | | | |
|---|---|---|---|
| लिटल् फिंगर् | Little-finger | कानी अँगुली, कनिष्ठा | kānī aṅgulī kanishṭha |
| आर्म-पिट् | Arm-pit | काँख | kāṅkh́ |
| एल्बो | Elbow | कोहनी | kohnī |
| स्कल् | Skull | खोपड़ी | khoṕḍī |
| नेक् | Neck | गर्दन | gardań |
| वोम् | Womb | गर्भ | garbh́ |
| यूटरस् | Uterus | गर्भाशय | garbhāśhāý |
| व्हिस्करस् | Whiskers | गलमुच्छा | gaĺmuchchhā |
| थ्रोट् | Throat | गला | galā |
| चीक् | Cheek | गाल | gāĺ |
| एनस | Anus | गुदा | gudā |
| लेप | Lap | गोद | goḋ |
| नी | Knee | घुटना | ghuṭnā |
| स्किन | Skin | चमड़ी | chaḿḍī |
| निपल् | Nipple | चूचुक | chūchuḱ |
| बटक् | Buttock | चूतड़ | chūtāṛ |
| फेस् | Face | चेहरा | cheh́rā |
| ब्रेड | Braid | चोटी (बालों की) | choṭī (bāloṅ kī) |
| चेस्ट | Chest | छाती (पुरुष की) | chhātī (purush kī) |
| ब्रेस्ट | Breast | छाती (स्त्री की) | chhātī (strī kī) |
| थाय | Thigh | जाँघ | jāṅgh́ |
| लिवर् | Liver | जिगर | jigar |

| | | | |
|---|---|---|---|
| टंग् | Tongue | जीभ | jībh́ |
| लॉक् | Lock | जूड़ा बालों का | jūḍā bāloṅ kā |
| जाइंट् | Joint | जोड़ | joḍ |
| चिन् | Chin | ठुड्डी | ṭhuḍḍī |
| इंडेक्स-फिंगर् | Index-finger | तर्जनी | tarjani |
| सोल | Sole | तलवा | taĺvā |
| पेलेट | Palate | तालु | tālu |
| जॉ | Jaw | जबड़ा | jabṛa |
| बिअर्ड | Beard | दाढ़ी | dāṛhhī |
| टूथ | Tooth | दाँत | dāṅt́ |
| ब्रेन | Brain | दिमाग | dimāǵ |
| आर्टरि | Artery | धमनी | dhamnī |
| नेल् | Nail | नख | nakh́ |
| नॉस्ट्रिल् | Nostril | नथुना | nathunā |
| गलेट् | Gullet | नरेटी | nareṭī |
| काफ | Calf | पिंडली (पैर की) | pinḍlī (pair kī ) |
| वेन् | Vein | नस | naś |
| नोज़् | Nose | नाक | nāḱ |
| नेवल | Navel | नाभि | nābhi |
| आयलिड् | Eyelid | पलक | palaḱ |
| रिब् | Rib | पसली | paślī |
| फालॅन्ज् | Phalange | अंगुल्यस्थि | aṅgulyasthi |
| स्प्लीन | Spleen | प्लीहा | phīhā |
| बैक् | Back | पीठ | pīṭh́ |
| स्टॅमक्, | Stomach | पेट | peṭ́ |

| | | | |
|---|---|---|---|
| बेलि | Belly | पेट | peṭ |
| अब्डोमन् | Abdomen | पेड़ू | peḍū |
| आय बॉल् | Eye ball | पुतली<br>(आँख की) | puťlī<br>(āṅkh́ kī) |
| मसल् | Muscle | मांसपेशी (पुट्ठा) | maṅspeshī<br>(puťṭhā) |
| फुट् | Foot | पैर | paiŕ |
| लंग् | Lung | फेफड़ा | phepĥḍā |
| आय-लॅश् | Eyelash | बरौनी | beraunī |
| हेअर् | Hair | बाल | bāĺ |
| आर्म | Arm | बाँह | bāṅh́ |
| आयब्रो | Eye-brow | भौंह | bhauṅh́ |
| मिड्ल-फिंगर | Middle-finger | मध्यमा | madhyamā |
| गम् | Gum | मसूढ़ा | masūṛhhā |
| फिस्ट् | Fist | मुट्ठी | muṭṭhī |
| मॉउथ् | Mouth | मुख | mukh́ |
| किडनि | Kidney | गुर्दा | gurdā |
| मुस्ताच् | Moustache | मूँछ, (मोंछ) | mūṅchh |
| वेजाइना | Vagina | योनि | yoni |
| बैक्बोन | Backbone | रीढ़ | rīṛhh′ |
| पोर | Pore | रोमकूप | rōmkūṕ |
| हेअर | Hair | रोवां | rovāṅ |
| फोरहेड् | Forehead | ललाट | lalat |
| ब्लड् | Blood | लोहू, खून | lohū, khūn |
| पेनिस् | Penis | शिश्न | śhishna |
| बोन | Bone | हड्डी | haḍḍī |

| | | | |
|---|---|---|---|
| पाम | Palm | हथेली | hathelī |
| कॉलर्बोन | Collarbone | हँसली | haṅslī |
| हार्ट | Heart | हृदय | hriday |

## वस्त्र और पोशाक: Clothes and Garments

| | | | |
|---|---|---|---|
| लाइनिंग् | Lining | अस्तर | astar |
| ट्युनिक | Tunic | अँगरखा | aṅgārakhā |
| बॉडिस् | Bodice | अँगिया | aṅgiyā |
| हॅट् | Hat | हैट् (अंगरेजी टोपी) | hāiṭ (aṅgrejī ṭopī) |
| नॅपकिन् | Napkin | अँगोछा | aṅgochhā |
| स्लीव् | Sleeve | आस्तीन | āstīn |
| वूल | Wool | ऊन | ūn |
| क्लॉथ | Cloth | कपड़ा | kapḍā |
| बेल्ट् | Belt | कमरबन्द | kamarband |
| शर्ट् | Shirt | कमीज | kamīj |
| ब्लॅङ्केट् | Blanket | कम्बल | kambal |
| क्रेप | Crepe | करेप | karep |
| काश्मिरा | Cashmira | कश्मीरा | kaśmīrā |
| डायपर | Diaper | पोतड़ा | potṛā |
| बॉडर | Border | किनारा | kinārā |
| ब्रोकेड | Brocade | किमखाब | kimkhāb |
| कॅनव्हास् | Canvas | किरमिच | kirmich |
| कोट् | Coat | कोट | koṭ |
| कुशन् | Cushion | गद्दा | gaddā |

| | | | |
|---|---|---|---|
| मफलर् | Muffler | गुलबन्द | gulabanḋ |
| लूप् | Loop | फंदे की घुंडी | phande kī ghuṅḍī |
| वेल् | Veil | घूँघट | ghūṅghaṭ |
| शीट् | Sheet | चादर | chādaŕ |
| लेपेट् | Lappet | पल्ला | pallā |
| छींट् | Chintz | छींट | chhiṅṭ́ |
| डमस्क् | Damask | जामदानी | jāḿdānī |
| गेज़् | Gauge | मापक | māpak |
| अण्डरवियर | Underwear | जाँघिया | jāṅghiyā |
| ड्रिल् | Drill | बरमा | barmā |
| पॉकेट् | Pocket | जेब | jeb́ |
| कॅप् | Cap | टोपी | ṭopī |
| स्कार्फ | Scarf | दुपट्टा | duṕaṭṭā |
| थ्रेड् | Thread | तागा | tāgā |
| टॉवेल् | Towel | तौलिया | tauliā |
| कॅलिको | Calico | सूती कपड़ा | sūtī kapḍā |
| ग्लोव्हस् | Gloves | दस्ताने | dastāne |
| हॅण्ड्कर्चीफ् | Handkerchief | दस्ती (रूमाल) | dastī (rūmāĺ) |
| शाल | Shawl | दुशाला | duśhālā |
| लेस् | Lace | फीता | phītā |
| पॅण्टलून् | Pantaloon | पतलून | paṫlūń |
| ट्राउज़र्स | Trousers | पायजामा | pāý jāmā |
| पॅच् | Patch | पैबंद | paiband |
| वेस्ट् कोट् | Waistcoat | फतुही | phathuhī |

| फ्लानेल् | Flannel | फलालीन | phalālīń |
|---|---|---|---|
| टेप् | Tape | फीता | phītā |
| बटन् | Button | बटन | baṭań |
| ब्रॉड क्लॉथ् | Broad cloth | बनात | banāt́ |
| वेल्वेट | Velvet | मखमल | makh́maĺ |
| हेम् | Heḿ | गोटा | goṭā |
| लिनन् | Linen | मलमल | maĺmaĺ |
| माडापोलम् | Madapollam | माटापुलाम | māṭāpulāḿ |
| टर´बन´ | Turban | मुरेठा/साफ़ा/ पगड़ी | mureṭha/ sāphā/pagṛī |
| स्टॉकिंग्स् | Stockings | मोज़ा | mozā |
| क्विल्ट | Quilt | रजाई | rajāī |
| डार्निंग् | Darning | रफू | rafū |
| कॉटन् | Cotton | रुई | rū-ī |
| सिल्क् | Silk | रेशम् | reśhaḿ |
| क्लोक् | Cloak, | लबादा | labādā |
| गाउन् | Gown | चोगा | chogā |
| लॉङ्ग क्लॉथ् | Long cloth | लट्ठा | laṭṭhā |
| पेटीकोट् | Petticoat | लहँगा | lahaṅgā |
| सर्ज् | Serge | सरज | sarj́ |
| सॅटिन् | Satin | साटन | sāṭań |
| यार्न | Yarn | सूत | sūt́ |

## आभूषण : Ornaments

| | | | |
|---|---|---|---|
| रिंग | Ring | अँगूठी | aṅgūṭhī |
| ब्रेसलेट् | Bracelet | कंगन | kaṅgań |
| बॅङ्गल् | Bangle | कड़ा | kaṛhā |
| लिंक् | Link | कड़ी | kaṛhī |
| इअर-रिंग् | Ear-ring | कर्णफूल | karnphūĺ |
| हेअर्-पिन | Hair pin | काँटा (बाल का) | kāṅṭā (bāĺ kā) |
| ब्रूच् | Brooch | काँटा (साड़ी का) | kāṅṭā (sāḍī kā) |
| नोज़-पिन् | Nose-pin | कील नाक की | kiĺ nāḱ kī |
| क्लिप् | Clip | चिमटी | chimṭī |
| बॅङ्गल् | Bangle | चूड़ी | chūḍī |
| आर्मलेट् | Armlet | जोशन | joshań |
| मेडल् | Medal | तमगा | tamagā |
| इअर्-स्टड् | Ear-stud | तल्ला (कान का) | tallā (kān kā) |
| रिस्ट्लेट् | Wristlet | तोड़ा | toḍā |
| नोज़् रिंग् | Nose-ring | नथुनी | nathunī |
| बेल्ट् | Belt | पेटी | peṭī |
| अँङ्कलेट् | Anklet | पैजनी | paijanī |
| आर्मलेट् | Armlet | बाजूबन्द | bājūband |
| गारलॅण्ड् | Garland | माला | mālā |
| टिआरा | Tiara | मुकुट | mukuṭ |

| | | | |
|---|---|---|---|
| लॉकेट् | Locket | लटकन | laṭkań |
| पेंडांट् | Pendant | लोलक | lolaḱ |
| चेन् | Chain | सिकड़ी | sikḍī |
| नेक्लेस | Necklace | हार | hāŕ |
| नेकबॅण्ड् | Neckband | हँसुली | hańsulī |

## जवाहरात : Jewels

| | | | |
|---|---|---|---|
| ज़रकॉन् | Zircon | जरकॉन | jarkon |
| जेम्स् | Gems | जवाहरात | javāhirāt́ |
| सेफायर् | Sapphire | नीलम | nīlam̐ |
| एमरल्ड् | Emerald | पन्ना | pannā |
| टोपाज़ | Topaz | पुखराज | pukh́rāj |
| ओपल् | Opal | पोलकी | pol̍kī |
| टरक्वाज़् | Turquoise | फीरोज़ा | phīrozā |
| पेबल् | Pebble | बिल्लौर | billouŕ |
| रुबि | Ruby | मानिक | māniḱ |
| कोरल् | Coral | मूँगा | mūṅgā |
| पर्ल | Pearl | मोती | motī |
| मदर ऑफ पर्ल | Mother of Pearl | मोती की सीप | motī kī sīṕ |
| ॲगेट् | Agate | गोमेद | gomed |
| कॅट्स–आय | Cat's-eye | लहसुनिया | lah́suniyāṅ |
| डायमंड | Diamond | हीरा | hīrā |

# सगे-संबंधी : Relatives

| | | | |
|---|---|---|---|
| ममा | Mammā | माँ, अम्मा | māṅ, ammā |
| पापा | Papa | बावा | bāvā |
| मदर् | Mother | माता | mātā |
| फादर् | Father | पिता | pitā |
| सन् | Son | पुत्र | putr |
| डॉटर् | Daughter | पुत्री | putrī |
| ब्रदर् | Brother | भाई | bhā-ī |
| सिस्टर् | Sister | बहन | bahań |
| अंकल् | Uncle | चाचा | chāchā |
| अंकल् | Uncle | मामा | māmā |
| ग्रॅण्ड्फॉदर् | Grandfather | दादा/नाना | dādā/nānā |
| ग्रॅण्ड्मदर् | Grandmother | दादी/नानी | dādī/nānī |
| हस्बॅण्ड् | Husband | पति | pati |
| वाइफ् | Wife | पत्नी | patnī |
| डाट्र्-इन्-ला | Daughter-in-law | पुत्रवधु | putra-vadhu |
| मदर्-इन्-ला | Mother-in-law | सास | sāṣ |
| फादर्-इन्-ला | Father-in-law | ससुर | sasuŕ |
| सिस्टर्-इन्-ला | Sister-in-law | भावज, ननद | bhāvaj, nanad |
| ब्रदर-इन्-ला | Brother-in-law | जेठ, देवर् | jeṭh́, devar |
| सन्-इन्-ला | Son-in-law | दामाद | dāmāď |
| को-वाइफ् | Co-wife | उपपत्नी | uṕ-patnī |
| ऑण्ट् | Aunt | चाची/मामी | chāchī/māmī |
| नेफ्यू | Nephew | भतीजा, भांजा | bhatījā, bhāṅjā |
| नीस | Niece | भतीजी, भाँजी | bhatījī, bhāṅjī |

| स्टेप्-मदर् | Step-mother | सौतेली माता | sautelī mātā |
|---|---|---|---|
| स्टेप्-ब्रदर् | Step-brother | सौतेला भाई | sautelā bhā-ī |
| स्टेप्-सिस्टर् | Step-sister | सौतेली बहन | sautelī bahan |
| अडॉपटेड्-सन् | Adopted-son | दत्तक पुत्र | dattaḱ putra |
| अडॉपटेड् -डॉटर | Adopted-daughter | दत्तक कन्या | dattaḱ kanyā |

## शारीरिक अवस्था और रोग :

## Conditions of the Body and Ailments

| हायड्रोसिल् | Hydrocele | अण्डवृद्धि | ańdvriddhi |
|---|---|---|---|
| ब्लाइंड् | Blind | अन्धा | andhā |
| शार्ट-साइट् | Short-sight | अल्पदृष्टि | alpdrisṭi |
| एसिडिटि | Acidity | अम्लपित्त | amlápittá |
| डायरिआ | Diarrhoea | अतिसार | atisāŕ |
| सिफलिस् | Syphilis | आतशक | āt́śaḱ |
| कंजंक्टिवायटिज़् | Conjunctivitis | आँख आना | āṅkh́ ānā |
| हर्निआ | Hernia | आँत उतरना | āṅt́ utaŕnā |
| टिअर्स | Tears | आँसू | āṅsū |
| यान् | Yawn | जम्हाई, उबासी | jamhāī, ubāsī |
| नॉसिया | Nausea | ओकाई, वमन | okā-ī, vaman |
| स्क्विंट्-आइड् | Squint-eyed | ऐंचा | aiṅchā |
| स्टेचर | Stature | कद | kad́ |
| फ्लेम् | Phlegm | कफ | kaph́ |
| वॉमिट् | Vomit | कै करना | kai karnā |
| जॉन्डिस् | Jaundice | कामला | kāḿlā |

| | | | |
|---|---|---|---|
| टायफ़स् | Typhus | काला ज्वर | kālā jvar |
| ब्रॉन्काइटिस् | Bronchitis | श्वासनली-शोथ | shvāshnalī-shoth |
| वन-आइड् | One-eyed | काना | kānā |
| हंच्-बॅक्ड् | Hunch-backed | कुबड़ा | kubḋa |
| लिप्रसि | Leprosy | कोढ़ | koṛh́ |
| कॉन्स्टिपेशन | Constipation | कोष्ठबद्धता | koṣtháṁ bad-dhatā |
| वर्मस् | Worms | कृमि | krimi |
| एक्ज़िमा | Eczema | छाजन, पामा | chhājan, pamā |
| कॅफ | Cough | खाँसी | khāṅsī |
| अनीमिआ | Anaemia | खून की कमी | khūn kī kamī |
| हॅमोर्हेज् | Haemorrhage | खून बहना | khūn bah́nā |
| र्यूमॅटिज़्म | Rheumatism | गठिया | gaṭhhiyā |
| अबोर्शन | Abortion | गर्भपात | garbh́pāt́ |
| सिफलिस् | Syphilis | गरमी | gar̋mī |
| व्हिटलो | Whitlow | गलका | gal̋kā |
| हॉर्सनेस् | Hoarseness | गला बैठना | galā baiṭh́nā |
| ट्यूमर् | Tumour | गिलटी | gil̋ṭī |
| डम | Dumb | गूँगा | gūṅgā |
| बाल्ड | Bald | गंजा | gaṅjā |
| वूण्ड् | Wound | घाव | ghāv |
| गिडिनेस् | Giddiness | चक्कर | chakkar̋ |
| बेच् | Betch | चकोता | chakotā |

| | | | |
|---|---|---|---|
| ओबेसिटि | Obesity | चर्बी बढ़ना | charbī baṛhh́nā |
| हर्ट | Hurt | चोट | choṭ |
| स्नीज़ | Sneeze | छींक | chhīṅḱ |
| शॉर्ट | Short | छोटा | chhoṭā |
| ड्रॉप्सि | Dropsy | जलोदर | jalódaŕ |
| यंग् | Young | जवान | javāń |
| कारबंकल् | Carbuncle | जहरबाद | Jahaŕbād |
| कोरिज़ा | Coryza | जुकाम | jukāḿ |
| ऑग्यू | Ague | जूड़ी | jūḍī |
| फिवर् | Fever | ज्वर | jvaŕ |
| चिल् | Chill | ठंड | ṭhaṇḍ |
| बेल्च् | Belch | डकार | ḍakār |
| पिंपल | Pimple | डोंड़सा | ḍoṅḍsā |
| हेल्थ् | Health | तन्दुरुस्ती | tandurustī |
| स्पिटल | Spittle | थूक | thūḱ |
| अस्थमा | Asthma | दमा | damā |
| पेन् | Pain | दर्द | darď |
| हेड्एक | Headache | दर्द (सिर का) | darď (siŕ kā) |
| डायरिया | Diarrhoea | दस्त | dasť |
| लॉक्-जॉ | Lock-jaw | दाँत बैठना | dāṅť-baiṭh́nā |
| रिंग्-वर्म | Ringworm | दाद | dāď |
| लीन् | Lean | दुबला | dublā |
| लॉङ्ग्-साइट् | Long-sight | दूर-दृष्टि | dūr dṛiṣṭī |
| स्प्रेन् | Sprain | नस चटकना | naś chaṭaḱnā |

| | | | |
|---|---|---|---|
| साइनस् | Sinus | नासूर | nāsūŕ |
| स्लीप् | Sleep | नींद | nīṅd́ |
| इंसोम्निआ | Insomnia | नींद न आना | nīṅd na ānā |
| स्टोन् | Stone | पथरी | path́rī |
| स्वेट् | Sweat | पसीना | pasīnā |
| मैड् | Mad | पागल | pāgaĺ |
| इन्सेनिटि | Insanity | पागलपन | pāgaĺpań |
| बाइल् | Bile | पित्त | pit́ta |
| पस् | Pus | पीप | pīp |
| डिसेन्ट्रि | Dysentery | पेचिश | pechiśh |
| ल्यूकोरिया | Leucorrhoea | प्रदर | pradaŕ |
| थर्स्ट | Thirst | प्यास | pyāś |
| एलिफन्टि-आसिस | Elephantiasis | फीलपाँव | phīĺpāṅv́ |
| पिंपल् | Pimple | फुंसी | phunsī |
| बॉयल् | Boil | फोड़ा | phoṛhā |
| पाइल्स् | Piles | बवासीर | bavāsīŕ |
| डायबेटिज़ | Diabetes | बहुमूत्र | bahumūtra |
| बुबो | Bubo | गिलटी | giĺṭī |
| ओल्ड् | Old | बुड्ढा | buḍḍhā |
| फिवर् | Fever | बुखार | bukhāŕ |
| चिल्ब्लेन् | Chilblain | बिवाई | bivāī |
| ड्वार्फ | Dwarf | बौना | baunā |
| फिस्टुला | Fistula | भगन्दर | bhagandaŕ |
| हंगर | Hunger | भूख | bhūkh́ |

| | | | |
|---|---|---|---|
| डिस्पेप्सिआ | Dyspepsia | बदहज़मी | badhazmī |
| ग्राइपिंग् | Griping | मरोड़ | maroḍ |
| मोल | Mole | मस्सा | massā |
| पेस्टिलेंस् | Pestilence | महामारी | mahāmārī |
| ऐपलेप्सि | Epilepsy | मिरगी | mirgī |
| यूरिन | Urine | मूत्र | mūtra |
| फैट् | Fat | मोटा | moṭā |
| कॅटरॅक्ट् | Cataract | मोतियाबिन्द | motiyābind |
| इंफ्लुएंजा | Influenza | मोतीझरा | motījharā |
| अॅक्नॅ | Acne | मुँहासा | muṅhāsā |
| पॅरालिसिस् | Paralysis | लकवा | lakvā |
| सलिवा | Saliva | लार | lār |
| स्टूल् | Stool | विष्ठा | viṣṭhā |
| थायसिस् | Phthisis | राजयक्ष्मा | rājyakṣmā |
| डिज़ीज़् | Disease | रोग | rog |
| लेम | Lame | लँगड़ा | laṅgḍā |
| डेंग्यू | Dengue | लँगड़ा बुखार | laṅgḍā-bukhār |
| टॉल | Tall | लम्बा | lambā |
| सन् स्ट्रॉक | Sunstroke | लू लगना | lū lagnā |
| स्माल्-पॉक्स् | Small-pox | शीतला | shītlā |
| ल्युकोडर्मा | Leucoderma | श्वेत कुष्ठ | śhvetkuṣṭh |
| ब्रेथ | Breath | साँस | sāṅs |
| स्वेलिंग् | Swelling | सूजन | sūjan |
| ऐलबिनो | Albino | सूरजमुखी | sūraj mukhī |

| गोनोरिया | Gonorrhoea | सूजाक | sūjāḱ |
|---|---|---|---|
| स्प्रू | Sprue | संग्रहणी | Sangrah́ṇī |
| व्आयस् | Voice | स्वर | svaŕ |
| हेल्थी | Healthy | स्वस्थ | svasth́ |
| हीकप | Hiccup, Hiccough | हिचकी | hich́kī |
| कालेरा | Cholerā | हैजा | haijā |
| कंजम्पशन् | Consumption | क्षय | kṣaý |

## वाद्य यंत्र : Musical Instruments

| बेल् | Bell | घंटा | ghaṅṭā |
|---|---|---|---|
| हार्प | Harp | चंग | chaṅǵ |
| सिम्बल् | Cymbal | झांझ | jhāṅjh́ |
| टॅम्बरीन | Tambourine | डफ | daph́ |
| ड्रम् | Drum | डुगडुगी | ḍuǵḍugī |
| टॉमटॉम | Tomtom | ढोलक | ḍholaḱ |
| ब्युगल् | Bugle | तुरही | turahi |
| ड्रम् | Drum | नगाड़ा | nagāḍā |
| पिआनो | Piano | पियानो | piyāno |
| फ्लूट | Flute | बाँसुरी | baṅsurī |
| वायोलिन् | Violin | बेला | belā |
| बॅग् पाइप | Bagpipe | मशक बाजा | masaḱ bājā |
| ज्यूज़ हार्प् | Jew's harp | मुरचंग | mur′chaṅǵ |
| क्लॅरिऑन् | Clarion | शहनाई | śah́nā-ī |
| गिटार | Guitar | गिटार | gitār |

| | | | |
|---|---|---|---|
| व्हिसल् | Whistle | सीटी | sīṭī |
| हार्मोनिअम | Harmonium | हारमोनियम | hārmoniyam |

## खनिज और धातु : Minerals and Metals

| | | | |
|---|---|---|---|
| कॉर्नेलिआन् | Cornelian | अकीक | akīḱ |
| माइका | Mica | अभ्रक | abhraḱ |
| ब्रॉन्ज् | Bronze | कसकुट | kaśkuṭ́ |
| टच्स्टोन | Touchstone | कसौटी | kasauṭī |
| बेल-मेटल् | Bell-metal | कांसा | kāṅsā |
| एमरि | Emery | कुरुन | kuruń |
| कोल् | Coal | कोयला | koylā |
| चाक् | Chalk | खड़िया | khaḍiyā |
| माइन् | Mine | खान | khāń |
| सल्फर् | Sulphur | गन्धक | gandhaḱ |
| ओकर | Ochre | गेरू | gerū |
| फ्लिंट् | Flint | चकमक पत्थर | chakmak pattharí |
| सिल्वर | Silver | चाँदी | chāṅdī |
| ज़िंक | Zinc | जस्ता | jastā |
| कॉपर् | Copper | ताँबा | tāṅbā |
| ब्लू विट्रिऑल् | Blue Vitriol | तूतिया | tūtiyā |
| स्टील् | Steel | पक्का लोहा | pakkā lohā |
| मरकरि | Mercury | पारा | pārā |
| ब्रास् | Brass | पीतल | pītaĺ |

| | | | |
|---|---|---|---|
| टिन् | Tin | राँगा | rāṅgā |
| स्टोन्स इसेन्स | Stone's essence | शिलाजीत | shilājīt́ |
| अंटिमोनि | Antimony | सुरमा | sur̍mā |
| आरसेनिक् | Arsenic | संखिया | saṅkhiyā |
| फुलर्स-अर्थ | Fuller's earth | सज्जी | sajjī |
| नॅट्रॉन् | Natron | सज्जीखार | sajjīkhār̍ |
| सिनाबर | Cinnabar | सिंगरिफ | siṅgriph́ |
| लेड् | Lead | सीसा | sīsā |
| व्हाइट् लेड् | White lead | सफेदा | saphedā |
| व्हर्मिलिअन् | Vermilion | सिंदूर | sindūr̍ |
| मारबल् | Marble | संगमरमर | saṅgmar̍mar̍ |
| आयरन् | Iron | लोहा | lohā |
| ऑर्पिमेंट् | Orpiment | हरताल | hartāĺ |

## व्यापार और व्यवसाय : Trades and Professions

| | | | |
|---|---|---|---|
| जर्नलिस्ट | Journalist | पत्रकार | patrakār̍ |
| टीचर | Teacher | अध्यापक | adhyāpaḱ |
| मिल्कमेड् | Milkmaid | अहीरिन | ahīriń |
| मिल्कमॅन् | Milkman | अहीर | ahīr̍ |
| इंजिनिअर् | Engineer | अभियंता | abhiyantā |
| बूचर | Butcher | कसाई | kasā-ī |
| आर्टिज़न | Artisan | कारीगर | kārīgar̍ |
| फार्मर् | Farmer | किसान | kisāń |

| | | | |
|---|---|---|---|
| बुक्सेलर् | Bookseller | किताबफरोश | kitāb́pharosh́ |
| वेजिटेबल सेलर | Vegetable seller | कुँजड़ा | kuṅ́jḍā |
| कूली | Coolie | कुली | kulī |
| बैंकर | Banker | कोठीवाल, बैंकर | koṭhīvāĺ, bainkar |
| ट्रेज़रर् | Treasurer | खजांची | khajānchī |
| टर्नर् | Turner | खरादनेवाला | kharād́nevālā |
| रिटेलर् | Retailer | खुदरा-फरोश | khud́rā-pharosh́ |
| परफ्यूमर् | Perfumer | गंधी | gandhī |
| कोच्मॅन् | Coachman | गाड़ीवान | gāḍīvāń |
| ऑथर | Author | ग्रन्थकार | granth́kāŕ |
| पोस्टमॅन् | Postman | चिट्ठीरसाँ, डाकिया | chiṭṭhīrasāṅ, ḍākiyā |
| सर्जन् | Surgeon | जर्राह | jar-rāh́ |
| सेलर् | Sailer | जहाजी | jahājī |
| मॅजिशिअन् | Magician | जादूगर | jādūgaŕ |
| इंस्पेक्टर | Inspector | जाँचनेवाला | jāṅch́nevālā |
| बुक्-बाइंडर् | Book-binder | जिल्दसाज़ | jild́sāź |
| वीवर | Weaver | जुलाहा | julāhā |
| शू-मेकर् | Shoe-maker | जूता बनाने वाला | jūtā banāne vālā |
| ज्वेलर् | Jeweller | जौहरी | jauharī |
| कम्पोजिटर् | Compositor | टाइप बैठाने वाला | ṭā-ip baiṭhāne vālā |
| वुड-सेलर | Wood-seller | टालवाला | ṭāĺvālā |

| | | | |
|---|---|---|---|
| ब्रासीअर् | Brasier | ठठेरा | ṭhaṭherā |
| कॅन्ट्रॅक्टर् | Contractor | ठेकेदार | ṭhekedāŕ |
| डॉक्टर् | Doctor | डॉक्टर् | dākṭaŕ |
| ड्रमर् | Drummer | तबलची | t́abalchī |
| बेटल्-सेलर् | Betel-seller | तमोली | tamolī |
| ऑइल् मॅन् | Oil-man | तेली | telī |
| सॉरसरर् | Sorcerer | तांत्रिक | tāntrik |
| मॅसन् | Mason | राज मिस्त्री | rāj mistrī |
| टेलर् | Tailor | दर्जी | darjī |
| ब्रोकर् | Broker | दलाल | dalāĺ |
| ड्रगिस्ट् | Druggist | दवाफरोश | davāpharosh́ |
| मिड्वाइफ् | Midwife | दाई | dā-ī |
| डेंटिस्ट | Dentist | दाँत का डॉक्टर | daṅt kā ḍakṭar |
| शॉपकीपर | Shopkeeper | दुकानदार | dūkāńdāŕ |
| नर्स | Nurse | धाय | dhāý |
| कार्डर् | Carder | धुनियाँ | dhuniyāṅ |
| वाशर-वुमन् | Washer-woman | धोबिन | dhobiń |
| वाशरमॅन | Washerman | धोबी | dhobī |
| बेकर | Baker | नानबाई | nāń bā-ī |
| वाटरमॅन | Waterman | कहार | kahār |
| इग्जैमिनर् | Examiner | परीक्षक | parīkṣ́ak |
| व्हील्राइट् | Wheelwright | पहिया बनाने वाला | pahiyā banāne vālā |
| वाच्मैन | Watchman | पहरेदार | pah́redāŕ |

| | | | |
|---|---|---|---|
| पब्लिशर् | Publisher | प्रकाशक | prakāsh́aḱ |
| मॅनेज़र् | Manager | प्रबंधक | Prabandhaḱ |
| हॉकर | Hawker | फेरीवाला | pherīvālā |
| फोटोग्राफर | Photographer | फोटो उतारने वाला | photo utārnevālā |
| कार्पेंटर | Carpenter | बढ़ई | baṛhha-ī |
| ड्रॅपर् | Draper | बजाज | bajāj́ |
| बॅरिस्टर | Barrister | बैरिस्टर | bāirisṭar |
| सीड्स्मॅन | Seedsman | बीज विक्रेता | bīj́ vikretā |
| बेगर | Beggar | भिक्षुक | bhikṣuḱ |
| पार्चर् | Parcher | भड़भूँजा | bhaḍbhūṅjā |
| बट्लर् | Butler | भंडारी | bhanḍārī |
| फिशर्मॅन | Fisherman | मछुआरा | machhuārā |
| रिपेअरर् | Repairer | मरम्मत करने वाला | marmmat karne vālā |
| बोट्मॅन | Boatman | मल्लाह | mallāh́ |
| प्रोप्राइटर् | Proprietor | मालिक | māliḱ |
| गार्डनर् | Gardener | माली | mālī |
| एनामेलर | Enameller | मीनाकार | mīnākāŕ |
| एकाउंटेंट | Accountant | मुनीम | munīḿ |
| प्रिंटर् | Printer | मुद्रक | mudraḱ |
| क्लर्क | Clerk | मुंशी | munśhī |
| स्वीपर् | Sweeper | मेहतर | meh́taŕ |
| कॉब्लर् | Cobbler | मोची | mochī |
| ग्रोसर् | Grocer | पंसारी | panṣārī |

| | | | |
|---|---|---|---|
| राइटर् | Writer | लेखक, मोहर्रिर | lekhaḱ, mohaŕrir |
| केमिस्ट् | Chemist | रसायनी | rasāyanī |
| कुक | Cook | रसोइया | rasoiyā |
| कॅशिअर | Cashier | रोकड़िया | rokaḍiyā |
| पेंटर | Painter | रंगसाज़ | rańgsāz |
| डायर | Dyer | रंगरेज़ | rańgreź |
| कॅरिअर | Carrier | लादनेवाला | lādne vālā |
| ब्लॅक्स्मिथ् | Blacksmith | लोहार | lohāŕ |
| प्लीडर् | Pleader | वकील | vakīĺ |
| फिज़िसिअन् | Physician | वैद्य | vaidya |
| ग्रूम | Groom | साईस | sā-ī-ś |
| गोल्ड्स्मिथ् | Goldsmith | सुनार | sunāŕ |
| मर्चॅण्ट् | Merchant | सौदागर | saudāgaŕ |
| स्कल्प्टर् | Sculptor | मूर्तिकार | mūrtikār |
| एडिटर् | Editor | सम्पादक | sampādaḱ |
| बारबर | Barber | हज्जाम | hajjāḿ |
| कन्फेक्शनर् | Confectioner | हलवाई | Haĺvaī |

## घरेलू सामान : Domestic Articles

| | | | |
|---|---|---|---|
| आलमिरा | Almirah | अलमारी | aĺmārī |
| थिंबल् | Thimble | अंगुश्ताना | ańgushtānā |
| बॉबिन् | Bobbin | अंटा | aṅṭā |
| काल'ड्रन् | Cauldron | कड़ाहा | kaḍāhā |
| लॅडल् | Ladle | करछुल | karchhuĺ |

| | | | |
|---|---|---|---|
| कार्'बॉय् | Carboy | कराबा | karābā |
| कनिस्टर् | Canister | कनस्तर | kanastaŕ |
| कोम् | Comb | कंघी | kaṅghī |
| ट्रे | Tray | तश्तरी | tashtarī |
| चेअ-र् | Chair | कुर्सी | kursī |
| फोर्क् | Fork | कोंचनी, काँटा | koňcȟnī, kāṅṭā |
| फनेल् | Funnel | कीप (टीप) | kīp (tīp) |
| मॉ-टर् | Mortar | खरल | kharal |
| जार् | Jar | गागरा | gāǵrā |
| टम्बलर् | Tumbler | गिलास | gilāś |
| पॅस्ट्री-बोर्ड | Pastry-board | चकला | chaḱlā |
| मैट् | Mat | चटाई | chaṭā-ī |
| स्पून् | Spoon | चमचा | chamachā |
| सीव' | Sieve | छलनी | chhaĺnī |
| बेड्-शीट् | Bed-sheet | चादर | chādaŕ |
| की | Key | चाबी | chābī |
| बेड्-स्टेड् | Bed-stead | पलंग | palaṅǵ |
| टॉंग्स् | Tongs | चिमटा | chiḿṭā |
| चिमनी | Chimney | चिमनी | chiḿnī |
| स्टोव' | Stove | चूल्हा | chūlhā |
| स्टिक् | Stick | छड़ी | chhaḍī |
| ग्रेट | Grate | अंगीठी की जाली | aṅgīṭhī kī jālī |
| अम्ब्रेला | Umbrella | छाता | chhātā |
| फ्लोर्-मिल् | Flour-mill | आटे की चक्की | āṭe-kī-chakkī |

| | | | |
|---|---|---|---|
| टेबल् | Table | मेज | Mej |
| बॉस्केट् | Basket | टोकरी | ṭoḱrī |
| डेस्क् | Desk | डेस्क | desḱ |
| बॉक्स् | Box | डिब्बा | ḍibbā |
| लिड् | Lid | ढकना | ḍhaḱnā |
| पिलो | Pillow | तकिया | takiyā |
| बॅलॅन्स् | Balance | तराजू | tarājū |
| वायर | Wire | तार | tāŕ |
| लॉक् | Lock | ताला | tālā |
| सेफ् | Safe | तिजोरी | tijorī |
| मेट्रैस | Mattress | तोशक | toshaḱ |
| ओवन् | Oven | तन्दूर | tandūŕ |
| प्लेट् | Plate | थाली | thālī |
| टूथ्ट्विग | Toothtwig | दातुन | dātuń |
| मिरर् | Mirror | दर्पण | darpaṇ́ |
| मॅच् | Match | दियासलाई | diyāsalā-ī |
| ब्रॅकेट् | Bracket | दीवारगीर | dīvārgīŕ |
| सेंसर् | Censer | धूपदानी | dhūṕdānī |
| बेड | Bed | पलंग | palaṅg |
| पॅलन्क्विन् | Palanquin | पालकी | pāĺkī |
| स्पिटून | Spittoon | पीकदानी | pīḱdānī |
| शांडिलिअर् | Chandelier | फानूस | phānūś |
| बॉक्स् | Box | बक्स | baks |
| ब्रूम स्टिक् | Broom stick | बढ़नी/झाड़ू | baṛhh́nī/jhāḍū |
| विक् | Wick | बत्ती | battī |

| | | | |
|---|---|---|---|
| पॉट् | Pot | बर्तन | bartan' |
| बकेट् | Bucket | बालटी | bāl'ṭī |
| पॅस्ट्रिरोलर् | Pastryroller | बेलन | belan' |
| बेंच् | Bench | बेंच | beṅch |
| बॉटल् | Bottle | बोतल | botal' |
| सॅक् | Sack | बोरा | borā |
| चर्न | Churn | मथानी | mathānī |
| बोल्स्टर् | Bolster | मसनद | maś'nad |
| कॅण्डल् | Candle | मोमबत्ती | mombattī |
| रोप | Rope | रस्सा | rassā |
| स्ट्रिंग् | String | रस्सी | rassī |
| डिश् | Dish | थाली | thālī |
| बाउल | Bowl | कटोरा | kaṭorā |
| पेस्टल् | Pestle | लोढ़ा | loṛhhā |
| फाअॅल् | Phial | शीशी | shīshī |
| ट्रंक | Trunk | सन्दूक | sandūk' |
| नट्-क्रॅकर् | Nut-cracker | सरौता | sarautā |
| सोप् | Soap | साबुन | sābun |
| चेन् | Chain | सिकड़ी | sikaḍī |
| कॅस्केट् | Casket | सिंगारदान | siṅgār'dān' |
| पिचर् | Pitcher' | सुराही | surāhī |
| नीडल् | Needle | सूई | sū-ī |
| पिंसर्स | Pincers | सड़ांसी | saṅḍāsī |
| हब्बल्-बब्बल | Hubble-bubble | हुक्का | hukkā |

# NOTES